北大版留学生本科汉语教材·语言技能系列

中级 上册
汉语听说教程

Intermediate Chinese Listening and Speaking Course I

主　编：胡晓清
副主编：毛嘉宾　焉德才
编　著：胡晓清　毛嘉宾　苏向丽
　　　　吴海燕　焉德才　杨艳丽

北京大学出版社
PEKING UNIVERSITY PRESS

图书在版编目(CIP)数据

中级汉语听说教程. 上册/胡晓清主编. —北京：北京大学出版社，2006.11
(北大版留学生本科汉语教材·语言技能系列)
ISBN 978-7-301-07906-5

Ⅰ. 中… Ⅱ. 胡… Ⅲ. 汉语－听说教学－对外汉语教学－教材 Ⅳ. H195.4

中国版本图书馆 CIP 数据核字(2006)第 124953 号

书　　　　名	：中级汉语听说教程　上册
著作责任者	：胡晓清　主编
责 任 编 辑	：宋立文
标 准 书 号	：ISBN 978-7-301-07906-5
出 版 发 行	：北京大学出版社
地　　　　址	：北京市海淀区成府路 205 号　100871
网　　　　址	：http://www.pup.cn　电子信箱：zpup@pup.pku.edu.cn
电　　　　话	：邮购部 62752015　发行部 62750672　出版部 62754962　编辑部 62752028
印 　刷 　者	：大厂回族自治县彩虹印刷有限公司
经 　销 　者	：新华书店
	787 毫米×1092 毫米　16 开本　14.75 印张　257 千字
	2006 年 11 月第 1 版　2024 年 9 月第 12 次印刷
定　　　　价	：53.00 元

未经许可，不得以任何方式复制或抄袭本书之部分或全部内容。
版权所有，侵权必究
举报电话：010-62752024　电子信箱：fd@pup.pku.edu.cn

前　言

本教材是为汉语言专业二年级的外国留学生编写的中级听说课教材，具有初级以上水平的来华进修生也可使用。

在长期教学实践过程中，我们发现，将听力与口语分开训练从理论上虽可行，但实际操作却存在着一些问题。一方面，听力课如果只训练听力的话，未免失之单调，要避免课堂操作中的枯燥，教师往往会增加部分表达内容，这与听力课的培养目标不相干。另一方面，口语课的课文在操作上一般也要先听后说，即实际上听力和口语的训练仍存在并行的现象，只是侧重点有所不同。在这样的前提下，我们编写了这套教材，直接将听力训练和口语训练并轨。这样既有利于教师的操作，也便于学生多种技能的协调发展。

本教材分上下两册，各10课，内容涉及社会生活的方方面面，力求做到覆盖面广、实用性强、吸引力大。每册均包含三个"复习与回顾"，力争使学生通过一定量的复习达到巩固所学知识、克服遗忘的目的。

在每课的具体体例上，主要由以下部分构成：

1. 听力课文。每一课的开头均为听力课文，材料多选自真实语料。在课文后附有若干听力练习，目的是训练学生的各项听力技能，同时也使学生对本课的内容有一个大致的印象，以便为下一步训练的展开做一个良好的铺垫。同时，根据外语学习中的"输入大于输出"原则，在接触新的知识点，特别是要自我生成新的表达之前，有必要通过"听"的方式将与本话题有关的一些新信息及相关知识点输入到学生的大脑中，充实学生的大脑信息库，以便在输出时可以有效提取信息库中的新内容，使表达中的信息量更大，更加有的放矢。

2. 叙述性口语课文。每课的第二部分为叙述性口语课文，材料多采用访谈的形式，主要为自编材料。在访谈中，多个受访者围绕同一个话题发表自己的意见，阐述各自的观点。在课文后，有各种口语表达练习。其中，一部分为课文内的表达训练，通过该练习使学生学会新的口语表达方法，将新的知识点内化为自己的口语表达能力；另一部分为扩展式表达训练，通过各种形式的练习培养学生的成段表达能力。

3. 对话性口语课文。每课的第三部分为对话性口语课文，材料大部分为自编的与本话题相关的对话。在课文后增加了"表达拓展"项目，将该课中出现的功能性表达予以进一步补充拓展。练习则配有朗读练习，表达练习及功能性表达练习。通过对话性口语课文的学习及练习，力争使学生学会真实可感、生活气息浓厚的口语，力避为了凸显知识而编造的"伪口语"；同时掌握在各种不同场合下同一种功能的不同表达方式。

之所以将口语课文分解成叙述性口语课文和对话性口语课文，是基于以下的考虑：

在以往的有些中级口语教材中，大多用对话体来串连整个课文。这样一来，对话就承载了多种功能，既要有各种语气、语调的变化，又要增加各种得体表达的内容，甚至还要负载起成段表达说话者观点的任务。在具体的课堂操作中，因为课文全部是对话，如果以学生分角色朗读的方式来处理的话，未免会显得比较单调。而实际上，在我们日常的口语表达中，很少在对话中大段地表达自己的观点。对话，一般以句式比较短小、灵活，对话双方言语变化比较快，语气比较丰富为特征。因此我们将口语课文分成两部分。叙述性口语课文主要承担成段表达的任务，而对话性口语课文则还原生活中对话的本来面目，力避生硬牵强。

"回顾与复习"部分，通过听、想、说、练、编、填等方式，力图使学生将前一阶段学习过的知识点融会贯通，达到巩固提高学生听说认读等各方面能力的目的。特别是"听一听"部分，我们采用了汉语水平考试的试题模式，将本阶段所学的重要语言点编写到题目中，为定向培养学生的汉语水平考试能力提供一个日常练习的平台，同时也试图在汉语学习与汉语水平考试之间搭起一座便利的桥梁。

本教材从2004年起开始搜集素材，初编的材料在我们的课堂教学中经过了一年多的实践，然后根据课堂需要进行了大量的增删修改。在编写本教材的过程中，两位副主编毛嘉宾老师和焉德才老师付出了大量的心血，所有参编老师齐心协力，才使本教材得以较快地完稿。对此，特向所有参编人员表示深深的谢意。更要感谢本书的责任编辑宋立文老师，没有他的辛勤工作，就没有本书的付梓。由于本人学识有限，书中难免有遗漏和不足之处，还望方家指正。

胡晓清

目 录

第一课　让我们认识一下 …………………………………………… 1
　　听力课文　一、他是谁？ ………………………………………… 1
　　　　　　　二、盼盼 …………………………………………… 3
　　叙述性口语课文　有缘千里来相会 …………………………… 6
　　对话性口语课文　路遇 ………………………………………… 10
　　（表达拓展　介绍人物的表达法） …………………………… 12

第二课　购物，让我欢喜让我忧 …………………………………… 16
　　听力课文　一、一块钱的肉馅儿 ……………………………… 16
　　　　　　　二、网上购物渐成时尚 …………………………… 19
　　叙述性口语课文　乐在其中话购物 …………………………… 21
　　对话性口语课文　买东西也有学问 …………………………… 27
　　（表达拓展　"安慰"的表达法） ……………………………… 28

第三课　民以食为天 ………………………………………………… 33
　　听力课文　一、不吃 …………………………………………… 33
　　　　　　　二、中国味道 ……………………………………… 35
　　叙述性口语课文　众口难调 …………………………………… 37
　　对话性口语课文　到底吃什么好？ …………………………… 42
　　（表达拓展　"不同意"的表达法） …………………………… 44

第四课　有什么别有病 ……………………………………………… 48
　　听力课文　一、一张治疗费用单 ……………………………… 48

　　　　二、饮食与健康 ……………………………………………… 50
　　叙述性口语课文　有钱难买好身体 ……………………………… 53
　　对话性口语课文　看病 …………………………………………… 58
　　（表达拓展　"询问"的表达法） ………………………………… 59

回顾与复习一 …………………………………………………………… 63

第五课　爱情是什么？ ………………………………………………… 71
　　听力课文　一、A君找对象 ……………………………………… 71
　　　　二、大学生的恋爱观 ……………………………………… 73
　　叙述性口语课文　谜一样的爱情 ………………………………… 76
　　对话性口语课文　别挑花了眼 …………………………………… 80
　　（表达拓展　"责备"的表达法） ………………………………… 82

第六课　就业的路有多长 ……………………………………………… 86
　　听力课文　一、找工作 …………………………………………… 86
　　　　二、青年就业状况 ………………………………………… 88
　　叙述性口语课文　寻找一片属于自己的天空 …………………… 90
　　对话性口语课文　"4050"就业 ………………………………… 95
　　（表达拓展　"鼓励"的表达法） ………………………………… 97

第七课　悠着点儿，别累着 …………………………………………… 101
　　听力课文　一、长假前夜 ………………………………………… 101
　　　　二、疲劳，不可忽视的亚健康 …………………………… 104
　　叙述性口语课文　不会休息，就不会工作 ……………………… 106
　　对话性口语课文　再忙也要谈恋爱 ……………………………… 111
　　（表达拓展　"祝贺"的表达法） ………………………………… 113

回顾与复习二 …………………………………………………………… 116

第八课　善待你的钱包 ………………………………………………… 125
　　听力课文　一、换车一族 ………………………………………… 125

二、中国社会消费的变化 ·· 128
　　叙述性口语课文　消费大家谈 ·· 131
　　对话性口语课文　办个什么样的婚礼 ································ 136
　　(表达拓展　"发愁"的表达法) ······································· 138

第九课　多个朋友多条路 ··· 142
　　听力课文　一、我的人际交往 ·· 142
　　　　　　　二、渴望轻松的人际关系 ································ 145
　　叙述性口语课文　大圈子，小圈子 ···································· 147
　　对话性口语课文　有朋自远方来 ······································ 151
　　(表达拓展　"送别"或"告别"的表达法) ···························· 153

第十课　我的未来不是梦 ··· 157
　　听力课文　一、幽兰的人生目标 ······································ 157
　　　　　　　二、关于中国人梦想的调查 ···························· 160
　　叙述性口语课文　七嘴八舌话理想 ···································· 162
　　对话性口语课文　报志愿 ·· 170
　　(表达拓展　"建议"的表达法) ······································· 171

回顾与复习三 ·· 175

听力录音文本 ·· 185

词汇索引 ··· 217

第一课

让我们认识一下

听力课文

一、他是谁？

词语例释

| 例 外 | 在一般的规律、规定之外。如：
大家都要遵守规定，谁也不能例外。 |

| 伸懒腰 | 人疲乏时伸展腰和上肢。如：
坐着看书看了好久，小王站起来伸了个懒腰。 |

| 龇 (zī) | 露出（牙）。如：
①狼龇牙咧嘴地向小羊扑过来。②她疼得龇牙咧嘴的。 |

| 捧 (pěng) | 用双手托。如：
他捧了一捧水，洗了洗脸。 |

| 厌 烦 | 因为嫌麻烦而讨厌。如：
话说了一遍又一遍，真叫人厌烦。 |

| 仿佛 (fǎngfú) | 好像，似乎。如：
她呆呆地站在那里，仿佛没听到我说的话。 |

| 泡 | 较长时间放在液体中。如：
①她的两手在水里泡得发白。②泡茶要用开水。 |

| 寂 (jì) 静 | 没有声音，很静。如：
深夜三点，校园里寂静无声。 |

| 形影不离 | 形容彼此关系密切。如：
他们两个是好朋友，每天形影不离的。 |

练习

一、听后判断

1. 我和一般人不一样，我没有要好的朋友。（　　）
2. 我的朋友早上习惯早起。（　　）
3. 我的朋友是个学生，每天中午都要在教室里学习。（　　）
4. 我和我的朋友很熟悉，因为他就是我的影子。（　　）
5. 我的朋友其实是一头懒猪。（　　）
6. 我的朋友非常不喜欢学习，一学习就没有精神。（　　）

二、听后选择

1. 每个人都会有一个最要好的朋友，我在这方面（　　）
   A. 没有朋友　　　　　　　　B. 和一般人的不一样
   C. 我的朋友不可爱　　　　　D. 我不知道我的朋友是谁

2. 关于早上我朋友的样子哪个描写是正确的？（　　）
   A. 眼睛很精神　　　　　　　B. 头发很整齐
   C. 脸有点儿胖　　　　　　　D. 牙齿很白

3. 我从哪里能看到我的朋友？下面不正确的答案是（　　）
   A. 镜子里　　　　　　　　　B. 面对面
   C. 玻璃中　　　　　　　　　D. 瓷砖上

4. 根据课文内容，作者（　　）
   A. 和朋友认识21年了　　　　B. 有点儿幼稚，所以不可爱
   C. 现在正在教室写这篇文章　D. 好朋友每天和他形影不离

三、听后回答

1. 关于朋友，作者是怎么认为的？
   提示：每个人都……　不例外

2. 早晨起床的时候，我的朋友是什么样子？
   提示：伸懒腰　蒙眬　乱糟糟的　龇着门牙

3. 中午在教室读书时，我的朋友是什么样子？
   提示：捧　无精打采　厌烦

4. 我和那个人什么时候是朋友？
   提示：早上是……中午是……晚上是……，到了……还是……

5. 作者对自己的评价是什么？
   提示：可爱却又幼稚

四、听后思考

1. 课文中介绍了朋友的哪方面特点？怎么介绍的？
2. 你认为朋友重要吗？为什么？

◎ 二、盼　　盼 ◎

词语例释

光　滑	物体表面平滑，不粗糙。如：她的皮肤像刚出生的婴儿一样光滑。
骨碌碌 (gūlūlū)	形容很快地转动。如：她的眼睛很美，总是骨碌碌地左顾右盼。

扯 (chě)	拉。如： 没等他说完，我扯着他就走。
舔 (tiǎn)	用舌头接触东西或取东西。如： ①小狗舔了舔我的手。②她把盘子都舔干净了。
笼	笼子。用竹片或木条等制成的用来养虫、鸟或装东西的器具。如： 她像出了笼的小鸟一样高兴。
逗 (dòu)	引逗。如： 他拿着一枝花逗孩子玩儿。
观　察	仔细查看（事物或现象）。如： 画家非常注意观察生活。
勤恳 (kěn)	勤劳而踏实。如： 王老师勤勤恳恳地工作，受到了大家的赞扬。
试探 (tàn)	试着探索（某种问题）。如： 我想试探一下他对这件事的态度。

练习

一、听后判断

1. 盼盼是一个可爱的小姑娘，但她不喜欢玩具。　　　　　　　　　　（　）
2. 盼盼眼睛很大，喜欢盯着一样东西看很长时间。　　　　　　　　　（　）
3. 盼盼很爱美，经常从箱子里找出自己的漂亮衣服来穿。　　　　　　（　）
4. 我和盼盼每天都要到街上去散散步，因为到街上时盼盼相当开心。

（　）

5. 盼盼这个小家伙每天饭后都要睡觉，而且经常做梦。　　　　　　　（　）
6. 我认为盼盼的优点之一是十分负责任。　　　　　　　　　　　　　（　）

二、听后选择

1. 关于盼盼的外貌，课文没提到什么？（　　）
   A. 毛发　　　　B. 体型　　　　C. 身高　　　　D. 颜色

2. 盼盼对什么不感兴趣？（　　）
   A. 梳头　　　　B. 换衣服　　　C. 逛街　　　　D. 玩具

3. 盼盼和作者是关系密切的好朋友，他们每周上街几次？（　　）
   A. 1次　　　　B. 2次　　　　C. 1或2次　　　D. 7次

4. 下面哪一项不是盼盼的特点？（　　）
   A. 对花草很好奇　　　　　　B. 对陌生人感到恐惧
   C. 睡觉时容易被惊醒　　　　D. 有时候不理解作者的行为

三、听后回答

1. 盼盼长得什么样儿？
   提示：光滑发亮　矮胖　小雪球

2. 作者对盼盼的眼睛是怎么描写的？
   提示：骨碌碌乱转　视线落在……　一看就是半天

3. 盼盼有什么爱好？
   提示：爱美　扯　舔

4. 盼盼到了街上有什么表现？
   提示：飞出笼的小鸟　好奇

5. 盼盼在街上，小朋友对它做些什么？
   提示：逗　毫不客气地收下

6. 盼盼每次吃完饭后要干什么？
   提示：懒洋洋的　从梦中惊醒　观察　勤勤恳恳

四、听后思考

1. 你喜欢宠（chǒng）物吗？你喜欢养什么样的宠物？
2. 养宠物有什么利弊（bì）？

叙述性口语课文

◎ 有缘千里来相会 ◎

刘峰，25岁，某旅行社导游

大家好！很高兴能和大家一起游览美丽的黄山。我是我们这个团的导游，叫刘峰。大家可以叫我刘导，也可以叫我小刘。我从事导游的时间还不长，肯定会有很多不足，不过在接下来的几天，我会尽心尽力地为大家服务好。为了我们旅游的便利，大家先来认识一下好吗？

李先生，42岁，某公司经理

好吧，我先来吧。我姓李，40出头了，大家就叫我老李吧。我自己开了个小公司，做皮鞋生意的。买卖还凑合，就是自己干太累了，一天到晚没个休息日。这不，好不容易抽了个空儿，出来散散心，轻松轻松。我们这也就算认识了，大家以后多关照啊。

王先生，63岁，退休教授

我恐怕是这里最老的了吧？我姓王，叫王仁生，以前是山东大学的老师，已经退休3年了。我这一辈子呀，整天钻在书堆里，总是觉得没时间。一转眼就老了，退下来了。儿女们都劝我到处转转看看，本来我不想动，可是转念一想，趁着能动，还是到处走走吧，不然，再过几年，想动也动不了了。希望这一次少给大家添麻烦。

林女士，31岁，全职太太

各位好！听了前面两位的介绍，都是事业有成的人，我自己都觉得很惭愧。我姓林，双木林，刚过而立之年。我现在没什么工作，大学毕业后在公司里认识了现在的老公，然后恋爱结婚，就变成一个家庭主妇了。我儿子今年5

岁,明年就该上小学了。我想让他入学前出来开开眼界,入学以后恐怕就没什么工夫了。天天,来,和叔叔伯伯们见个面。咳,这孩子,又跑到哪儿去了?真调皮。

孙建,21岁,大学生
　　大家好!我叫孙建,还是一个在校大学生。我是学旅游地理的,今年大三。可以说旅游是我的爱好,也是我的专业需要。我老家西安,是地地道道的北方人,对南方一直充满了向往,这次总算如愿以偿了。我这个人比较内向,不善于谈话,不过我身强力壮,大家有什么要帮忙的招呼一声就行了。

理查德,22岁,美国游客
　　我发现我是这里唯一的一个老外。我叫理查德,是美国人,今年二十二了。和孙建一样,我也是一个大学生,不过我还有半年就毕业了。我最大的爱好就是旅游,特别是对中国,我充满了兴趣。为了来中国旅游,我还自学了汉语,但是水平不高,请大家多多帮助。这次已经是我第六次来中国旅游了。旅游带给我很多乐趣,也让我认识了很多朋友,中国不是有句话嘛,叫"有缘千里来相会",我们能认识也是一种缘分呢。

词语例释

从事	参加,做(某种工作)。如: 我从事教学工作已经20多年了。
不足	缺点,做得不好的地方。如: 虽然有很多不足,但基本上还算是圆满完成了任务。
抽空	挤出时间(做别的事情)。如: 工作再忙,也要抽空学习。
转念一想	再一想(多指改变主意)。如: 我刚要批评他,但转念一想,还是以后再说吧。
而立之年	指人三十岁。如: 到了而立之年,成家立业,肩上的担子重了很多。

开眼界	看到美好而新奇的事物，增加了见识。如： 年轻人多出去走走，开开眼界，对以后的工作有好处。
调皮	(孩子) 爱玩儿爱闹，不听劝告。如： 这个孩子调皮极了，老师也拿他没办法。
向往	因热爱、羡慕某种事物或境界而希望得到或达到。如： 我向往着美好的未来。
如愿以偿(cháng)	愿望实现。如： 我一直想考北京大学，今年总算如愿以偿了。
身强力壮	形容身体好，很健壮。如： 20多岁的小伙子，身强力壮的，正是干事业的好时候。

练习

一、用课文中的词语表达

1. 他毕业以后一直干翻译工作。
   提示：从事

2. 如果自己有很多缺点或做得不好的地方，可以怎么说？
   提示：不足

3. 我虽然很忙，但是我还是找时间去看望生病的王奶奶。
   提示：抽空

4. 我本来想告诉他这件事，可是又改变了主意。
   提示：转念一想

5. 这位老教授和书打了一辈子交道。
   提示：钻在书堆里

6. 我一直想去西藏旅游，今年暑假终于去了。
   提示：如愿以偿

7. 王老师要搬家，找几个年轻人帮忙比较合适。
   提示：身强力壮

8. 我和小丽，一个北京人，一个广东人，但偶然一次旅游让我们认识并变成了无话不谈的好朋友。
   提示：有缘千里来相会

二、用课文中的句型表达

1. 可以……也可以……
   例句：大家可以叫我刘导，也可以叫我小刘。
   (1) 我们去旅游，去青岛、去上海都可以。

   (2) 买衣服的时候，什么颜色无所谓。

2. ……，就是……
   例句：这件衣服样式不错，就是颜色有点儿老气。
   (1) 我女朋友是一个可爱的姑娘，缺点是有点儿小孩子气。

   (2) 你的作业写得很好，只不过字写得不漂亮。

3. ……，这不，……
   例句：是呀，过节了要改善一下生活，这不，我这就要买肉去。
   (1) 这个孩子非常爱哭，你看，他又哭了。

   (2) 上班的时候，我经常会遇到老张，今天又碰上了。

4. 本来……，可是转念一想，……
   例句：本来我想去北京工作，可转念一想，我父母年纪大了，需要我照顾，就留在了家乡。

(1) 我想去市里买东西，但是，想了一下，今天是星期天，人肯定很多。

(2) 我原来打算暑假回国，可是，我觉得我自己的功课落下了很多，应该利用假期补上。

三、思考与讨论

1. 如果你要向别人介绍自己，你打算怎么说？
2. 你有几个好朋友？分别给我们介绍一下。
3. 请介绍一下你毕业以后的打算。

对话性口语课文

刘　　芳：你看，那不是小张和他的女朋友吗？

李　为　新：那哪儿是啊，小张的女朋友我见过，个子很高，皮肤比较白，留着披肩发，看起来比较壮的样子。

刘　　芳：哦，你这么一说，我也想起来了。这个瘦瘦小小的，还烫着短发，穿得也比小张的女朋友时髦。

(小张一回头)

小　　张：嗨，为新，干什么去呀？

李　为　新：你好，小张，好久不见了。

小　　张：是呀，我们的确好久没见了。哎呀，嫂子也好呀？你越来越漂亮了。

刘　　芳：看你这张嘴，可真会说话。小张，这位是谁呀？你也不给我们介绍一下。

小　　张：哦，对了，瞧我这记性。来，认识一下，这是我妹妹，当然，不是亲妹妹，是我表妹周离，今天刚从老家过来的。表妹，这是我的好哥们儿小李，我们上大学的时候同屋，是睡在我上铺的兄弟。这位是他太太，我最温柔善良的嫂夫人。

李、刘、周：你好！

刘　　芳：周离，别听你表哥瞎说。我叫刘芳，和他们都是同学。现在在一家进出口公司工作。你呢？工作了吗？是第一次来北京吗？

周　　离：我以前来过几次，但我是个路盲，每次都记不住路。我是学医的，现在正在一家医院实习，这次是帮医院来考察设备的。

刘　　芳：学医的？真有出息呀。以后看病找你了。

周　　离：那我可不敢当，我得再好好练几年。

李　为　新：这女人们在一起，一聊起来就没完没了的。小张，我们得走了，再见。回头来我家玩儿。

小　　张：好嘞，一定去，我早就想去蹭饭了。

词语例释

| 留 | 保留。如：
我男朋友喜欢长头发，我要留起来。他留胡子，我留头发。 |

| 披 (pī) 肩发 | 一种发型，较长，披散到肩。如：
姑娘长着一张瓜子脸，配披肩发正合适。 |

| 烫 (tàng) 发 | 用药水等使头发卷曲美观。如：
听说烫发对身体不好，可是现在烫发的人越来越多。 |

| 嫂夫人 | 对比自己年龄稍大的朋友尊称他的妻子。如：
嫂夫人身体好吗？ |

| 路盲 | 不容易记住路的人。如：
我是个路盲，即使去过好几次也记不住。 |

| 实习 | 正式工作前把学到的理论知识应用到工作中去，通过实践进行检验，以锻炼工作能力。如：
师范大学的学生到了四年级要去中学实习。 |

| 蹭 (cèng) 饭 | 不花代价地到别人家吃饭。如：
他没结婚的时候，经常来我家蹭饭。 |

表达拓展 介绍人物的表达法

在课文中，有很多地方用到了介绍人物的表达法。如：

1. 这位是谁呀？你也不给我们介绍一下。

一般用于要求别人给自己介绍的时候。例如课文中的句子：小张，这位是谁呀？你也不给我们介绍一下。再如：立明，上次和你一起走路的姑娘是谁呀？你也不给我们介绍一下？

2. 来，认识一下，这（位）是……

一般用于给彼此不熟悉的另外双方介绍的时候，多用于非正式的场合，被介绍人和介绍人关系比较密切。例如课文中的句子：来，认识一下，这是我妹妹，当然，不是亲妹妹，是我表妹周离，今天刚从老家过来的。表妹，这是我的好哥们儿大张，我们上大学的时候同屋，是睡在我上铺的兄弟。这位是他太太，我最温柔善良的嫂夫人。再如：来，认识一下，这位是我的女朋友张平，这位是我的同学刘高。

3. 我叫……，在……工作，……

用于自我介绍。例如课文中的句子：我叫刘芳，和他们都是同学。在一家进出口公司工作。再如：我叫理查德，是美国留学生，现在在北京大学学习汉语。

除了课文中的以外，还有其他一些介绍人物的表达方法。如：

1. 我来做一下自我介绍……/我来自报家门吧……

这两个说法都是自我介绍，用于比较正式的场合。如：① 认识大家很高兴，首先我来做一下自我介绍。我叫李晓易，是你们这次访问中国的翻译。② 大家好！我来自报家门吧，我是孙惠，是我们这次元旦晚会的组织者。我是历史系大三的学生。

2. 我来介绍一下，这位是……，这位是……

用于较为正式的场合，为两个陌生人作介绍。如：我来介绍一下，这位是第一汽车集团的办公室王主任，这位是从韩国三星公司来的金先生。

3. 请允许我来为大家介绍一下……

用于相对正式、严肃的场合，被介绍者往往是地位较高、影响较大的人。如：请允许我来为大家介绍一下，这位是我国著名的数学家华为一先生。

4. 能不能给我引见一下……

一般用于要求别人给自己介绍一个自己很想认识的、地位相对较高的人。

如：王老师，我很想结识周教授，想当面请教他几个问题，您能不能给我引见一下？

5. 你是……？

适用于提醒别人做自我介绍。如：A：请问，张平老师在吗？B：我就是张平，请问您是……？

练习

一、用正确的语气语调朗读下列句子

1. 那哪儿是啊，小张的女朋友我见过，个子很高，皮肤比较白，留着披肩发，看起来比较壮的样子。

2. 哎呀，嫂子也好呀？你越来越漂亮了。

3. 看你这张嘴，可真会说话。小张，这位是谁呀？你也不给我们介绍一下。

4. 瞧我这记性。来，认识一下，这是我妹妹。

5. 学医的？真有出息呀。以后看病找你了。

6. 好嘞，一定去，我早就想去蹭饭了。

二、用课文中的词语或句型表达

1. 别人告诉你那个就是王老师，你告诉他那个不是，并给他说明王老师的相貌。

   提示：那哪儿是啊

2. 你忘了的事，经朋友一提醒，你想起来了。

   提示：你这么一说

3. 亲切地责怪你的朋友，责怪他说话不合适。

   提示：瞧（/看）你……

4. 向朋友问候他的妻子。

   提示：嫂夫人

5. 朋友介绍说你的汉语水平是全班最棒的，你不同意，要表示反对意见。
   提示：别听他瞎说

6. 你的朋友常常记不住路，你怎么介绍他？
   提示：路盲

7. 你朋友说他在一个重点学校工作，你觉得自己的孩子以后上学可以找他帮忙。
   提示：以后……找你了

8. 我经常去我朋友家白吃白喝。
   提示：蹭饭

三、用介绍人物的表达法说说下列情景

1. 你在餐厅吃饭，遇到同屋和一个陌生人在一起，你要求同屋介绍一下。

2. 你带女朋友去经理家，介绍经理和女朋友认识。

3. 你给朋友们介绍自己的老师。

4. 开会的时候，邀请了一位领导参加，你向同学们介绍。

5. 你在宿舍学习，一个人来找你，但你不认识他，你怎么问他？

6. 你很想认识那家大公司的经理，你请你的中国朋友为你介绍。

四、思考与表演

1. 你暑假回学校，你的朋友说他（/她）找到了女（/男）朋友，你请他（/她）介绍一下他（/她）的女（/男）朋友各方面的情况。

说明：介绍人物的时候一般要介绍人物的姓名、年龄、外貌、穿戴、现状、性格特点等。常用以下一些词语表达：

年龄：20来岁　40出头　不到50　将近60　而立之年　年过花甲　年近古稀

脸型：圆脸　鸭蛋脸　瓜子脸　方脸　长脸

眼睛：单（/双）眼皮　浓眉大眼　杏核眼　三角眼　细长的眼睛

鼻子：高鼻梁　塌鼻子　蒜头鼻子

嘴：樱桃小嘴　四方大嘴

发型：披肩发　直发　卷发　马尾辫　长发　中分　平头　短发　光头

身材：中等个头　苗条　魁梧　身材高大（/瘦长/矮小）　娇小玲珑　又高又壮

例如课文中的表达：① 小张的女朋友我见过，个子很高，皮肤比较白，留着披肩发，看起来比较壮的样子。② 这个瘦瘦小小的，还烫着短发，穿得也比小张的女朋友时髦。

2. 来学校上课的第一天，老师让大家分组做自我介绍。

3. 你为你的朋友找了一个中国朋友做辅导老师，你介绍他们认识。

4. 在火车上，你认识了一个新朋友，模拟当时认识的情景。

第二课

购物,让我欢喜让我忧

听力课文
◎一、一块钱的肉馅儿◎

词语例释

馅(xiàn)儿	面食、点心等里面包的肉、菜、糖等。如: 韭菜馅儿的饺子最好吃。
货比三家	比喻买东西要多看几家,进行比较。如: 买东西一定要货比三家。
挨个儿	一个一个地。如: 老师把迟到的学生挨个儿批评了一顿。
好奇	对自己不了解的事情感兴趣而想知道。如: 孩子们对什么都感到很好奇。
摊(tān)儿	在路旁或市场上的临时或简易的售货处。如: 在小摊儿上买的东西质量没有保证。
遭(zāo)到	遇到(不利或不幸的事)。如: 他遭到了坏人的报复。
恶意	不好的心意。如: 你不要担心,我没有恶意。

沉　默	不说话。如： 听了他的话，大家都沉默了。
隐 (yǐn) 约	看起来或听起来不太清楚；感觉不很明显。如： 我隐隐约约听到有人在哭。
使　劲	用力。如： 我使足了劲儿，才把这块大石头搬开。

练习

一、听后判断

1. 作者去市场很快就买好了肉馅，然后就打算回家，他不想买别的东西。（　）
2. 第五个摊主是一个好心的人。（　）
3. 小姑娘觉得作者是一个让人放心的人。（　）
4. 在买肉馅儿的过程中，小姑娘的心情越来越差。（　）
5. 小姑娘家钱少是因为她的父母离婚后，妈妈失业了。（　）
6. 听了小姑娘的家庭情况，作者不由得流下了眼泪。（　）

二、听后选择

1. 作者不经常去农贸市场的原因是（　）
   A. 脑袋有病　　　　　　　B. 不会买东西
   C. 妻子没让他去　　　　　D. 市场里比较乱

2. 和作者撞在一起的小姑娘为什么很高兴？（　）
   A. 她有了一块钱　　　　　B. 明天过春节
   C. 她过生日可以吃到饺子　D. 她能得到漂亮的衣服和玩具

3. 小姑娘一共走了几个肉摊才得到了肉馅？（　）
   A. 1个　　　　　　　　　B. 5个
   C. 6个　　　　　　　　　D. 很多个

4. 小姑娘买肉馅儿的最后结果是什么？（　　）
   A. 一块钱太少，只买到一点儿
   B. 花了一块钱得到十块钱的肉馅儿
   C. 一块钱也没花，得到了十块钱的肉馅儿
   D. 课文没有明确地说明

5. 关于小姑娘的妈妈，哪种情况是正确的？（　　）
   A. 是下岗工人　　　　　　B. 和丈夫离婚了
   C. 身体很健康　　　　　　D. 现在仍然没有工作

6. 根据课文，下面哪种说法是错误的？（　　）
   A. 因为遇到了好心人，最后小姑娘的一块钱没有用掉
   B. 作者不喜欢去农贸市场买东西，但并不是不懂得买东西
   C. 农贸市场有很多商人拒绝小姑娘的要求
   D. 小姑娘得到帮助感到很开心

三、听后回答

1. 作者去农贸市场的感觉是什么？为什么？
   提示：脑袋就大　乱哄哄

2. 买东西要注意什么？
   提示：货比三家

3. 小姑娘离开市场的时候心情是什么样的？
   提示：咬着嘴唇　一步一回头

4. 小姑娘为什么肯把自己的情况告诉作者？
   提示：没有恶意

5. 作者怎么让小姑娘相信自己真的要把肉馅儿卖给她？小姑娘怎么样？
   提示：使劲点头　像春天……

四、听后思考

1. 小姑娘的家庭情况是怎样的？
2. 应该怎样帮助比较贫穷的人？

◎ 二、网上购物渐成时尚 ◎

词语例释

时　　尚	流行的风气。如： 现在，很多年轻人都追求时尚。
网　　络	特指 Internet。如： 现在网络游戏很发达，很多孩子非常喜欢。
节奏 (zòu)	均匀的有规律的进程。如： 现在生活节奏加快了，人们更应该注意加强身体锻炼。
影　　碟	专指 VCD、DVD 等带有图像和声音的光盘制品。如： 新出的影碟销量很好。
众所周知	大家全都知道。如： 这家商店是我的财产，这是众所周知的事情。
搜索 (sōusuǒ)	仔细寻找。如： 犯罪分子逃到了山里，警察正在认真地搜索。
余　　地	言语或行动中留下的可以商量的空间。如： 说话要给自己留余地。
寻　　找	找。如： 他到处寻找丢失的小狗。
交　　易	买卖。如： 交易的时候要公平，最好对双方都有利。

| 注　　册 | 向有关单位（如政府机关、学校、公司等）登记。如：新生报到注册从9月1号开始。|

练习

一、听后判断

1. 网络购物非常简单，只要你去银行寄钱给他，对方就会发货过来。（　　）
2. 网上购物能解决像距离、搜索等所有和购物有关的事情。（　　）
3. 网上购物不是一点儿缺点也没有。（　　）
4. 1998年以前，没有人听说过网上购物。（　　）
5. 网上购物现在已经成为人们购物的主要方式。（　　）
6. 网上购物方便快捷，这是大家都知道的。（　　）

二、听后选择

1. 根据课文，在网上能买到的商品，下列哪种东西没提到？（　　）
　A. 彩电冰箱　　B. 日常用品　　C. 汽车　　D. 学习用品

2. 下面哪个是吸引大家网上购物的最直接原因？（　　）
　A. 网上商品种类多　　　　B. 方便迅速
　C. 价格相对便宜　　　　　D. 不需要出门就可以购买

3. 到现在为止，中国大约有多少人在网上买过东西？（　　）
　A. 1998万　　B. 2100万　　C. 1000万　　D. 6000万

4. 根据课文，有多少网民没在网上买过东西？（　　）
　A. 60.6%　　B. 17.9%　　C. 29.4%　　D. 82.1%

三、听后回答

1. 课文中关于网上可以买到的东西，是怎么表达的？
　提示：想得到的……想不到的……

2. 网络在购物距离上带来的最大好处是什么？
   提示：零距离

3. 课文谈到的网上购物的第一个方面的好处是什么？
   提示：种类　搜索　选择余地

4. 现在中国网民网上购物大概是什么情况？
   提示：上过……网站　有过……经历

四、听后思考
1. 网上购物有什么好处和坏处？
2. 你在网上购过物吗？请介绍一下你们国家的网上购物情况。

叙述性口语课文

◎ 乐在其中话购物 ◎

刘欣，19岁，大一学生
　　来来，姐妹们！尝尝我新买的咖啡。这是雀巢新出的品种，最新口味，一盒11袋。要喝的快喝呀，过了这个村可就没这个店了。我为什么又买咖啡？喜欢呗。我最爱喝咖啡了，你又不是不知道，一天不喝就跟缺了点儿什么似的。不过，我昨天去商场，本来没打算买咖啡的。但你猜怎么着？雀巢正搞活动呢，买三盒赠送一个杯子。你不知道那杯子有多漂亮！我一口气就买了三盒，回家我哥说我就知道为了赠品乱买东西，可是我觉得真值！

金信泰，25岁，韩国留学生
　　看我新买的手机怎么样？昨天刚买的，诺基亚的，不过是个二手货。但你别看它是个旧的，效果还真不错。接听电话挺清楚的，能发短信息，还是个彩屏的呢。我要在中国学一年多汉语，没有个手机，和朋友联系起来真不方便。但是，买个新的，回国又不能用，花那么多的钱好像没有必要。所以我就买了这个，又经济，又实用，丢了也不可惜，要我说你干脆也买一个得了。

吴女士，43岁，中学教师

今天又和我儿子闹得很不愉快。现在的孩子，真是没治了，买什么东西都要自己挑，非要合自己的意不可，还最好什么都是名牌儿。我给他买的东西，衣服呀，鞋呀，他都不满意，说我老土，眼光差，买回家，他连看都不看。唉，真愁人！想我们十五六岁那会儿，家长给什么就用什么，哪儿像这样挑挑拣拣的？我说说他，他居然说我那是老皇历了。你说，是现在的孩子给惯坏了，还是我的脑筋过时了？

赵立群，35岁，公务员

刚结婚的时候，我和我那口子也是整天逛街、吃饭，喜欢什么就买什么。可是最近呀，潇洒不起来喽。到了我这个年龄，上有老下有小的，正是用钱的时候。最主要的是我最近分期付款买了一套100平方米的房子，光首付就花了10万，每月还要还银行2000多块，另外总要装修一下吧，没个十万八万的下不来。所以呀，我这几年，就得过点儿紧日子了，各方面都要省着点儿，不能像以前那样大手大脚的啦。不过，有些东西早晚都得买，咬咬牙也就挺过来了。

秦艺，26岁，白领

我好像天生就爱买东西，也算是职业需要吧，我最喜欢买的是衣服。现在家里的衣服少说也有几大箱子，可是每次打开衣柜，挑来挑去也挑不出一件合适的，难怪人们老说女人的衣柜里总是少一件衣服。所以只要一看到漂亮的衣服，我的心就痒痒，不管多贵也非要买下来。这么一来，我每个月都剩不下钱。我妈妈早就唠叨我：老大不小的了，不能这么胡花乱花的，该攒点儿嫁妆了。可我老是不往心里去。一边是满满的衣柜，一边是空空的钱包，你还别说，这买东西呀，还真是像那歌里唱的：让我欢喜让我忧。

周奶奶，69岁，家庭妇女

到了我们这个岁数，没什么大花销了，也就是买点儿吃的喝的。我年纪大了，觉少，每天都起得很早，我就去赶早市。早市上的菜又新鲜又便宜，别提多好了。给自己买点儿，再给孩子们捎点儿。他们都忙，没工夫去市场，连买菜都要跑到超市里，一买买一大堆，说够吃一个星期的，还说叫什么"集中

第二课　购物，让我欢喜让我忧

采购"。那样怎么能好吃呢？我有的是空儿，就算去超市，我也专门去买那种特价的东西，排队也不怕。你还别说，一斤鸡蛋就能便宜三毛多钱呢。这么算起来，一年下来能省不少钱呢！

词语例释

口　味	饮料、食物的滋味儿。如： 这个菜口味很好。
搞活动	这里指商店为了促销进行的各种活动。如： 今天商店搞活动，洗发水便宜卖。
二手货	不是第一次卖的东西，旧货。如： 我现在的电脑是个二手货，但质量不错。
老　土	东西不合潮流或人没见过世面。如： 同学们都笑话我穿衣服老土。
挑挑拣拣	反复挑选。多含贬义。如： 她不管买什么东西都挑挑拣拣的。
老皇历	比喻陈旧过时的规矩。如： 情况变了，不能再照老皇历办了。
挺	勉强坚持。如： 他有病还硬挺着上班。
心痒 (yǎng)	比喻想做某事的愿望强烈，难以控制。如： 看到别人打球，他心里直发痒。
嫁　妆	女子出嫁时娘家送的物品。如： 妈妈仔细地为女儿准备嫁妆。
花　销	花掉的费用。如： 人口多，花销也就大。

一、用课文中的词语表达

1. 每个人爱吃的东西都不一样。
   提示：口味

2. 你劝朋友去参加免费的旅游，因为机会很难得。
   提示：过了这个村没这个店

3. 最近要过教师节了，有的东西便宜卖，或者有赠品。
   提示：搞活动

4. 我自己租房子住，要买一个旧冰箱。
   提示：二手货

5. 你的朋友刚理了发，你觉得发型过时了。
   提示：老土

6. 奶奶说，结婚以前的男女不能见面，你不赞成她的看法。
   提示：老皇历

7. 买东西的时候，选来选去，要这个不要那个。
   提示：挑挑拣拣

8. 考试前那一段时间复习很辛苦，但还是坚持下来了。
   提示：挺过来

9. 我很喜欢滑冰鞋，看到朋友买了一双，我也想要。
   提示：心痒

10. 我快要三十岁了，得考虑一下工作的问题了。
    提示：老大不小的

11. 他批评你是为了你好，你不要介意。
    提示：别往心里去

12. 刚来中国的时候，要买很多东西。
    提示：花销

二、用课文中的句型表达

1. 要……快……
   例句：要喝的快来喝呀，过了这个村可就没这个店了。
   (1) 商店里的东西剩下的不多了，来晚了恐怕没有了。

   (2) HSK 报名快要结束了，如果你想考就应该抓紧时间报名。

2. 本来……但你猜怎么着？……
   例句：本来我没想去，但你猜怎么着？竟然是免费的，所以我就去了。
   (1) 我以为朋友们忘了我的生日，但是他们都准备好了，我很惊喜。

   (2) 我给他捎来了东西，他不但不感谢我，反而说我给他弄坏了。

3. 别看……，……
   例句：别看他年纪小，懂的事情可不少。
   (1) 他个子高，但是并不会打篮球。

   (2) 他现在好像很有钱，但以后不一定会怎么样。

4. ……得了
   例句：虽然是个二手货，但是质量不错，你也买一个得了。
   (1) 这么破的东西不要再修了，扔掉最好。

(2) 那个男孩子每天约你，但是如果你不喜欢，不要不好意思，直接告诉他。

5. A 都不 A

例句：放在那里的东西，他看都不看一眼。

(1) 我坐在他对面，他好像没看见。

(2) 我说的笑话白说了，他没有反应。

6. ……，总要……，……

例句：第一次去朋友家，总要带点儿什么吧，不然多丢面子。

(1) 朋友结婚，虽然关系一般，但也要意思意思。

(2) 他辛辛苦苦做的饭菜，不好吃也要吃一点儿。

7. ……这么一来，……

例句：朋友来我家玩儿了很长时间，这么一来，我的作业就写不完了。

(1) 他借给我一万块钱，我就可以按计划举行婚礼了。

(2) 他自己买了一个，我又送了他一个，他一下子就有两个了。

8. 你还别说，……

例句：你还别说，他写的字实在是好。

(1) 有人向我推荐这种药治疗失眠效果好，我吃了觉得真的不错。

(2) 老师嫌我的学习方法效率低，教给我一个新方法，确实比我原来的好多了。

9. ……别提多……

例句：那个孩子胖乎乎的，别提多可爱了。

(1) 他相当聪明。

(2) 下过雨以后，空气特别新鲜。

三、思考与讨论

1. 你买东西有什么习惯？
2. 一般来说，年轻人和老人的购物观念有什么差别？
3. 你怎么看待二手货？

对话性口语课文

◎ 买东西也有学问 ◎

张云霞：真倒霉！真过分！我真是个超级大傻瓜！

李　洁：你这是怎么了？谁惹你了？

张云霞：我都不知道怎么说啦。你看见我昨天买的那件衣服了吗？

李　洁：看见了呀。怎么？有什么不对劲儿的吗？

张云霞：我是在一个外贸小店里买的。我好说歹说，那个女店主要了我120块，还好像下了好大决心似的，嘴里一个劲儿地说："赔了赔了，一分钱也没赚你的。"我还得意得要命，谁知我今天看到隔壁宿舍小芹穿了件一模一样的，一问，人家说只花了50块，还没怎么讲价呢。

李　洁：呵呵，原来是这样。还自吹是我们班的讲价大王呢，居然吃了这样的亏。

张云霞：对呀，你说我怎么能咽下这口气呢？我要去找她评评理。

李　洁：要我说你算了吧，既然当时是你自己愿意的，现在再反悔就是你的不是了。

张云霞：那也是。依你说我就这么算了？

李　洁：也只好这样了，不然还能怎么样呢？不过，吃一堑，长一智，你就当花钱买个教训吧。你要知道，买东西也有学问。

张云霞：有什么学问？你说说看。

李　洁：买东西呀，一定要多走走看看，货比三家，对价钱自己心里要有数儿，不能太相信店主说的话。

张云霞：明白了。看不出来你还是个行家呀。唉，早让你给我上一课就好了，我就不至于吃那么大的亏了。

李　洁：现在知道也不晚呀。

词语例释

一个劲儿	不停……，连续……。如： 这孩子今天不知怎么了，一个劲儿地哭。
咽 (yàn)	嘴里的东西吃到肚子里，比喻话想说又停下了或忍住怨气等。如： 他话到嘴边又咽下去了。
吃一堑(qiàn)， 长一智	遇到一次失败，长一次见识。如： 你要吃一堑，长一智，不要再犯这样的错误了。
行　家	内行人。如： 他是修理电脑的行家。

表达拓展　"安慰"的表达法

在课文中，有很多地方用到了"安慰"的表达法。如：

1. 吃一堑，长一智

表示通过错误可以增加一些经验，用于安慰已经犯了错误受到挫折的人。例如课文中的句子：也只好这样了，不然还能怎么样呢？不过，吃一堑，长一智，……再如：这次上当受骗就算了，你可一定要吃一堑，长一智呀，不要再轻易相信陌生人的话了。

2. 你就当花钱买个教训吧

用于安慰那些花了冤枉钱的人，花的钱并没有白花，至少可以买到一个教训。例如课文中的句子：也只好这样了，不然还能怎么样呢？不过，吃一堑，长一智，你就当花钱买个教训吧。你要知道，买东西也有学问。再如：我早就让你不要相信那些广告，你偏不听，怎么样？白白扔了2000块。不过你就当花钱买个教训吧，以后可万万不要再犯呀。

3. 现在知道也不晚呀

一般用来安慰为了某事后悔不已的人。例如课文中的句子：张云霞：……早知道让你给我上一课就好了，我也就不至于吃那么大的亏了。李洁：现在知道也不晚呀。再如：A: 如果有人早点儿告诉我，我就绝对不会那样做。B: 你不要自己责备自己了，现在知道也不晚呀。

除了课文中的以外，还有其他一些常用的"安慰"的表达法。如：

1. 别着急（/别担心），又不是什么大病

用来安慰生病的人。如：你别着急，又不是什么大病，只要你听医生的话，过几天就好了。

2. 旧的不去，新的不来

一般用来安慰丢了东西的人。如：A：我的钱包丢了，真可惜，我都用了5年了，还是我妈妈给我买的呢。B：丢了就丢了吧，旧的不去，新的不来嘛。再说，你着急也没有用，急坏了身体更不划算了。

3. 只要人没事，比什么都好，破财免灾嘛

一般用来安慰发生了事故，并且财产受到损失的人。如：虽然刚买来的车就报销了，但是只要人没事，比什么都好，俗话说"破财免灾"，你以后一切都会顺顺利利的。

4. 善有善报，恶有恶报（/好人自有好报）

一般用来安慰好心帮人却反受伤害的人。如：你帮助他，你做的是对的，你对得起自己的良心。再说了，善有善报，恶有恶报，他那么没有良心，早晚没有好下场！

5. 想开点儿，不就是……吗？有什么大不了的？

一般用来安慰因为失败而心情不好的人。如：你想开点儿，不就是一次考试没及格嘛，有什么大不了的？下次再努力就行了。

6. 人已经走了，你不要太难过了

用来安慰因亲人去世而难过的人。如：小刘，你不要再哭了。人已经走了，你不要太难过了，你还要为活着的人想一想。

7. 碎碎（岁岁）平安

碎碎，谐音岁岁。这个说法用于安慰不小心打碎了器具的人。例如：不就是一个碗嘛，没关系，碎碎（岁岁）平安。

8. 车到山前必有路（/天无绝人之路）

一般用来安慰绝望或者为某事担心的人。如：工作丢了没关系，再找一个

就是了，车到山前必有路，你不用这么担心。

9. 三条腿的蛤蟆不好找，两条腿的人有的是

一般用来安慰因为失恋而痛苦的人，前半句也可以省略。如：小李，他和你分手是他没福气。三条腿的蛤蟆不好找，两条腿的人有的是，我再给你介绍一个更好的。

练 习

一、用正确的语气语调朗读下列句子

1. 你这是怎么了？谁惹你了？
2. 怎么？有什么不对劲儿的吗？
3. 还自吹是我们班的讲价大王呢，居然吃了这样的亏。
4. 你说我怎么能咽下这口气呢？我要去找她评评理。
5. 也只好这样了，不然还能怎么样呢？不过，吃一堑，长一智，你就当花钱买个教训吧。你要知道，买东西也有学问。
6. 看不出来你还是个行家呀。唉，早让你给我上一课就好了，我就不至于吃那么大的亏了。
7. 现在知道也不晚呀。

二、用课文中的词语或句型表达

1. 你今天生气了，气得要命，朋友问你原因。
   提示：不知道怎么说

2. 你觉得今天朋友的表现和平常不一样。
   提示：不对劲儿

3. 你劝你的朋友改变主意，费了不少事，他才勉强同意了。
   提示：好说歹说

4. 你最要好的朋友居然欺骗了你，你真的很难不生气。
   提示：咽不下这口气

5. 大家商量去哪里旅游,你要向朋友表达自己的观点。
提示:依我说 (/要我说)

6. 同学今天买东西的时候被宰了,你告诉他以后要注意。
提示:吃一堑,长一智 花钱买教训

7. 你请朋友发表一下对某事的看法。
提示:说说看

8. 你朋友很内向,没想到演讲比赛居然取得了冠军,你很吃惊。
提示:看不出来……

三、用"安慰"的表达法说说下列情景

1. 你的朋友祖父去世了,你怎么安慰她?

2. 朋友家着火了,东西都烧光了,好在没有生命危险,你安慰她。

3. 朋友参加比赛,本来很有把握取得冠军,但是没想到只得第三名,他很难过,你安慰他。

4. 同屋生病住院了,他非常害怕。你怎么安慰他?

5. 你请客的时候,朋友不小心打碎了你家的茶杯。你怎么说?

6. 朋友最近很倒霉,被解雇了,钱也花光了,又和家人闹得不可开交,他感到活着很没有意思。你怎么安慰他?

7. 弟弟丢了他心爱的电子词典,一个劲儿地哭,你安慰他。

8. 好朋友最近失恋了,你怎么安慰他?

9. 朋友不听家人劝告，非要买股票，结果亏了很多钱，急得要命。你怎么安慰他？

10. 朋友后悔没有早点儿了解实情，以至于吃亏上当，你安慰他。

四、思考与表演

1. 买东西有什么学问？
2. 如果你买东西的时候受骗了，你会怎么做？
3. 模拟朋友买东西回来的时候你们的对话。
4. 朋友HSK没考好，来找你聊天，请表演当时的情景。

第三课

民以食为天

听力课文

一、不 吃

词语例释

轮	按照顺序一个接一个地做事。如： ① 今天轮到我请大家的客了。② 张奶奶生病住院以后，儿女们轮着照顾她。
用心良苦	很费心地替别人考虑。如： 妈妈为了锻炼孩子的独立生活能力，让他们做一些吃苦的事情，真是用心良苦。
尽义务	完成应尽的责任。如： 依法纳税是公民应尽的义务。
体验	亲身经历。如： 去农村劳动，使我体验到了农民的艰辛。
嚷嚷 (rāngrang)	大声喊叫。如： 别嚷嚷，人家还在休息呢。

一、听后判断

1. 买牛肉的妇女除了买牛肉以外还打听牛肉的做法。 （   ）
2. 中年妇女的家里人爱吃牛肉，所以她排队买牛肉。 （   ）
3. 去内蒙体验生活的人只能顿顿吃开水泡饭，吃咸菜。 （   ）
4. 汤圆里面有很多辣椒。 （   ）
5. 苦瓜的味道太苦了，不能吃，是用来欣赏的。 （   ）
6. 热爱生活的人对生活的兴趣很广，但是很多东西不爱吃。 （   ）

二、听后选择

1. 关于买牛肉的妇女的描写，哪一个是正确的？（   ）
   A. 她已经上了年纪   B. 她不吃牛羊肉
   C. 看样子是个家庭妇女   D. 长得像北方人

2. 关于牛肉的做法，课文中没有提到的是（   ）
   A. 清炖   B. 红烧   C. 干煸   D. 葱炒

3. 去内蒙体验生活能吃到的食物中，课文没提到的是（   ）
   A. 蔬菜   B. 咸菜   C. 泡饭   D. 手抓羊肉

4. 去重庆体验生活的女演员不爱吃什么？（   ）
   A. 汤圆   B. 辣椒   C. 苦瓜   D. 羊肉

5. 五味中没有下面哪一种？（   ）
   A. 酸   B. 鲜   C. 辣   D. 苦

三、听后回答

1. 买牛肉的妇女长什么样？
   提示：看样子是……，……人

2. 作者给买牛肉的妇女讲了牛肉的哪些做法？
   提示：从……，直到……

3. 不吃羊肉的女同志有什么感受？
   提示：闻到……都……，这下可……

4. 同乡吃了苦瓜后有什么感受？
   提示：乖乖！真……啊！……

5. 一个热爱生活的人在口味上最好应该有什么特点？
   提示：最好……，就像……

四、听后思考

1. 每种食物都可能有人不爱吃，课文中介绍了哪几种？课文中的人为什么不爱吃？

2. 你不爱吃什么东西？为什么？

二、中国味道

词语例释

烹饪 (pēngrèn)	做饭做菜。如： 他烹饪技术很高。
调味品	加在食物中使味道可口的东西。如： 调味品加得多，菜的味道并不一定好。
刀工	使用刀的技术。如： 厨师对刀工要求很高。
搭配	按一定的要求安排、分配。如： 这件衣服的颜色搭配得不好。
美味佳肴 (yáo)	好吃的饭菜。如： 饭店里的美味佳肴让人流口水。

| 审　　美 | 体会欣赏事物或艺术品的美。如：
每个人的审美观点都不一样。 |

| 朴　　实 | 朴素实在。如：
他是一个生活朴实的人。 |

| 擅 (shàn) 长 | 在某方面有特长。如：
他擅长书法，作品经常参加全国性比赛。 |

练习

一、听后判断

1. 中国烹饪在世界上非常有名，深受人们的喜爱。　　　　（　　）
2. 中国常用的烹饪原料远远超过 3000 种。　　　　　　　（　　）
3. 色香味俱全的"色"意思是一种菜肴里要有很多种颜色。（　　）
4. 色香味三方面结合构成视觉、嗅觉、味觉的综合享受。　（　　）
5. 鲁菜的特点是麻辣鲜香，菜式朴实，深受老百姓的喜爱。（　　）
6. 长江下游的代表菜系是川菜。　　　　　　　　　　　　（　　）

二、听后选择

1. 中国常用的烹调方法有多少种？（　　）
    A. 100 多种　　　　　　　　　B. 将近 200 种
    C. 100 种　　　　　　　　　　D. 不到 100 种

2. 关于中国烹饪的审美标准，课文中没提到下面的哪个条件？（　　）
    A. 色　　　　B. 香　　　　C. 形　　　　D. 味

3. 鲁菜是中国什么地方的特色菜系？（　　）
    A. 黄河流域　　　　　　　　　B. 长江上游
    C. 长江下游　　　　　　　　　D. 珠江流域

4. 什么菜讲究刀工，味道清淡，擅长制作江鲜家禽？（　　）
    A. 鲁菜　　　　B. 川菜　　　　C. 苏菜　　　　D. 粤菜

三、听后回答

1. 在全世界范围内，人们怎么看待中国烹饪？
   提示：……，深受……

2. 美味佳肴是怎么搭配出来的？
   提示：不同……不同……搭配组合产生出了……

3. 中国烹饪的审美标准是什么？
   提示：……俱全

4. 什么原因形成了中国菜不同的风味特色？
   提示：由于……，形成……

四、听后思考

1. 中国的四大菜系有哪些？分别有什么特点？
2. 你们国家的饮食有什么特点？

叙述性口语课文

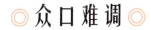

◎ 众口难调 ◎

李先生，35岁，某公司职员

我自从干上这个推销员，别的还好说，就是应酬太多让人吃不消。一天三顿饭，几乎都在外面吃，这些年各大菜系都吃了个遍。可是再好的东西吃多了，也就吃不出什么滋味了，倒是吃出了个将军肚和脂肪肝。我现在呀，外面的饭菜什么都不想吃，就想回家吃老婆做的稀饭、咸菜，家常便饭才是最可口的。

王先生，63岁，退休教授

人老了，胃口就差，再装上个假牙，吃东西就更不香了。吃个螃蟹呀，啃个萝卜呀，就不像年轻的时候那么利索了。再说上了年纪，毛病也多了。医生也嘱咐饮食要注意，肝不好，白酒必须戒掉；胆不好，不让吃油炸的东西；得了糖尿病，还不能吃甜的东西。这也不许吃，那也不许吃，你说这可怎么活呢？总不能天天光吃青菜豆腐吧？

张阿姨，45岁，家庭妇女

现在的年轻人，动不动就下馆子。在饭店请客，不管是点菜还是吃套餐，都死贵死贵的。一顿饭至少花个百八十的，那哪儿是在吃饭呀，简直就是在吃钱。我觉得太不划算了，还是在家请客实惠。在家做饭，什么都要自己做，可是，大家一起动手，边聊边干，每人做个拿手菜，爱吃到几点吃到几点，多乐和呀。累是累了点儿，但看到大家吃得盘干碗净，心里挺满足的，那种气氛，哪儿是在饭店吃能比得了的？

李女士，40岁，作家

那天看到一篇小文章，说是过去穷人家都不吃的鸡爪鱼头、粗粮野菜，现在居然成了有钱人的盘中美味。的确，现在的人哪，都不知道吃什么好了。很多人家做出来的鸡鸭鱼肉，总是满满地端上来再满满地撤回去，只有青菜，永远吃香。有一天，我7岁的儿子夹起一块猪肉说："妈妈，我们已经穷了吗？听邻居叔叔说，现在是富人吃青菜，穷人吃肉了。" 你说，人们的口味都刁到什么程度了？

李想，20岁，大学生

我们学生最喜欢吃肉了。平时食堂里的大锅菜单调重复不说，一点儿油水都没有，价钱也不怎么便宜，哪能经常吃到大鱼大肉。所以呀，一旦哪天食堂做肉，不管是红烧的还是炒的，大家都抢着去买。就算是正在减肥的女同学，看见香喷喷的肉端上桌，也一定会夹一大筷子一口吃掉，然后再咂着嘴儿大喊一声："啊呀，今天不减了，明天再说吧！"

朴敬仁，24岁，韩国留学生

刚来中国的时候，觉得中国菜好吃得不得了。我们经常下馆子，什么好吃吃什么，每天肚子都撑得圆滚滚的。可是时间一长，就有点儿吃够了。我

们觉得中国菜太油腻了，又不好消化又容易长肉，就像我，一下子就胖起来了，上次我朋友来，都没认出我来。我觉得，我还是习惯吃韩国菜。有时候我很奇怪，为什么中国人整天吃都吃不胖呢？这也许就是老师说的一方水土养一方人吧。

词语例释

应酬	参加宴会、聚会等交际往来。如： 今天晚上有一个应酬，不能不参加。
吃不消	受不了。如： 一次学这么多，一般的学生吃不消。
家常便饭	家里日常的饭食。如： 家常便饭是最可口的。
胃口	对吃饭的兴趣。如： 今天感冒了，吃什么好东西都不对我的胃口。
套餐	搭配好的成套卖的饭菜。如： 我们今天不点菜了，每人一份套餐。
划算	上算，花的钱少而买的东西好。如： 花2000块钱买一件衣服不划算。
实惠	有实际的好处。如： 这种工艺品外表好看，却不实惠。
乐和 (lèhe)	快乐（多指生活幸福）。如： 他退休以后的日子过得挺乐和的。
夹 (jiā)	本课指用筷子从盘子里取菜。如： 给别人夹菜的时候最好使用公筷。
刁 (diāo)	本课指过分挑食。如： 她不吃蔬菜也不吃鱼，嘴特别刁。

油　水	饭菜里含的脂肪。如： 一般减肥的饭菜都缺乏油水。
咂（zā）嘴	舌尖在嘴里发出的声音，表示称赞、羡慕、惊讶、为难、惋惜等。如： 花一万块钱吃一顿饭，大家惊得直咂嘴。
撑	吃到吃不下的程度。如： 再好吃的饭菜也要少吃点儿，别撑着。

练 习

一、用课文中的词语表达

1. 当上经理以后，他每天在外面和别人喝酒、吃饭。
   提示：应酬

2. 吃太多油腻的东西肠胃受不了。
   提示：吃不消

3. 没有什么好招待你的，只是些家里做的普通的饭菜。
   提示：家常便饭

4. 我最近生病了，什么东西都不爱吃。
   提示：胃口

5. 请问你们是想点菜还是吃已经搭配好的饭菜？
   提示：套餐

6. 在韩国买日用品带到中国来不合算，太贵了。
   提示：划算　实惠

7. 好久不见的朋友在一起喝酒、吃饭很高兴。
   提示：乐和

8. 这个小孩不吃水果和蔬菜，只吃羊肉，她的口味真特别。
   提示：刁

9. 食堂里做的大锅菜不放肉、不放油，一点也不好吃。
   提示：油水

10. 我今天吃得太多了。
    提示：撑　圆滚滚

二、用课文中的句型表达

1. 别的还好说，就是……
   例句：我自从干上这个推销员，别的还好说，就是应酬太多让人吃不消。
   (1) 我们去法国旅游，语言不通不方便。

   (2) 星期天加班没人看孩子。

2. ……个遍
   例句：我在中国旅游的时候，把中国的四大菜系都吃了个遍。
   (1) 我为了准备考试，把学过的汉语书都看完了。

   (2) 我喜欢这个歌星，他唱的歌我都听过。

3. 这也不许……，那也不许……
   例句：这也不许吃，那也不许吃，你说这可怎么活呢？
   (1) 游览故宫的时候不允许随便参观。

   (2) 这些书很珍贵，不能往外借，只能在图书馆里面看。

4. 这哪是……,简直就是……

例句:这哪儿是在吃饭呀,简直就是在吃钱。

(1) 他们两个不像在谈心,好像在吵架。

(2) 这个人虽然年龄不小了,但是做事情还像一个孩子似的。

5. 爱V……就V……

例句:我们大家一起吃饭,不要客气,爱吃到几点就吃到几点。

(1) 自己一个人住很自由,想睡到几点都可以。

(2) 在这里要像在自己家里一样,想干什么都行。

三、思考与讨论

1. 你最爱吃的东西都有哪些?分别给我们介绍一下。
2. 给大家介绍一个你的拿手菜或者你们国家的特色菜。
3. 你认为怎么吃东西对健康有好处?吃什么不利于健康?

对话性口语课文

◎ 到底吃什么好? ◎

李克:周杰,你平时帮我那么多忙,能认识你真是我的福气,你什么时候有空?我想请你吃个便饭表示感谢。

周杰:嘿,别那么见外!你是我的铁哥们儿,咱们俩谁跟谁呀!不过,一起聚聚倒挺好的,我来做东,你想吃什么?

李克:饺子怎么样?我挺爱吃那个虾仁饺子和三鲜饺子的。

周杰:饺子有什么好吃的?虽然吃饺子就不用点那么多菜了,但太单调了,一双筷子夹来夹去老在一个大盘子上,我们南方人不爱吃。

李克:哼,我去你们南方旅游的时候,菜的种类倒是不少,可每盘菜就那么一点儿点儿,几筷子就吃光了,还挺贵的,哪儿赶得上在北方,大盘子大碗的,特实惠。

周杰：我们南方的菜量少是不假，可是多精致呀，口味又清淡，简简单单一个稀粥就着小咸菜，比海鲜或牛排大餐都对胃口。

李克：说到牛排，你倒提醒了我，要不然我请你吃西餐吧。要是你吃不惯牛排，就去吃比萨饼、肯德基、麦当劳之类的西式快餐怎么样？你赶快拿个主意吧！

周杰：我才不吃那些洋快餐呢，那些大都是油炸的，吃多了对身体有害，还容易长胖。你没听说嘛，有人叫它垃圾食品。

李克：你说得也太绝对了点儿。什么食物一点儿害没有？我才不信那一套呢！

周杰：说得倒也是。要不我们去吃川菜吧！川菜现在最流行，我们点个大家最爱吃的酸菜鱼，你爱吃肉，就要个水煮牛肉，再加上个干煸大头菜。这个主意妙吧？

李克：好主意！你真是个美食家，但是我们有言在先，这顿饭算我的，你不许和我抢。

周杰：看把你急的！好吧好吧，听你的，我不和你争行了吧？

李克：这还差不多！

词语例释

福气	享受幸福生活的命运。如： 她的两个孩子都顺利地考上了名牌大学，她真有福气。
见外	当外人看待。如： 你对我这样客气，倒有点儿见外了。
做东	请客吃饭。如： 今天我做东，大家别客气，想吃什么随便点。
三鲜	饺子、包子、馄饨等面食里以肉、鸡蛋、虾仁等作馅。如： 我喜欢吃三鲜馄饨。
就	一边是菜，一边是饭或酒，两样搭配着吃。如： 他退休以后每顿饭都喜欢就着菜喝点儿酒。

垃圾食品	对身体有害的食品。如： 很多人认为油炸的食物是垃圾食品。
妙	好，神奇，巧妙。如： 吃饭以前多喝汤，这个减肥的方法太妙了。
美食家	擅长品尝饭菜的人。如： 我的理想就是当个美食家，吃遍所有好吃的东西。
有言在先	已经有话说在前面，事先打了招呼。如： 咱们有言在先，考上大学才能去旅游。

表达拓展　"不同意"的表达法

这篇课文中，使用了几个"不同意"的表达法。如：

1. ……有什么好 V 的？

一般用来表示不同意或反对别人的意见。比如课文中的句子：饺子有什么好吃的？再如：动物园有什么好看的？我不去。

2. 是……，可（是）……

先肯定对方的某一点，接下来表达自己的不同观点。比如课文中的句子：① 菜的种类倒是不少，可每盘菜就那么一点儿点儿，几筷子就吃光了…… ② 我们南方的菜量少是不假，可是多精致呀，……再如：你说得好像是有些道理，可是仔细想，我觉得你说的有很多问题。

3. ……才不……呢！

一般用来反驳对方的观点，语气较为强烈。比如课文中的句子：① 我才不吃那些洋快餐呢！② 我才不信那一套呢！再如：南山才不是我们这里最漂亮的山呢。

除了课文中的这些之外，还有很多"不同意"的表达法。如：

1. 不行（/绝对不行）

这个说法是一般的不同意的表达法，语气比较直接。如：你让我做假证明，不行，绝对不行。

2. 说什么也不 V

用来表达自己的不同意，语气比较坚决。如：我说什么也不能把这么重要的东西送给他。

3. 这事你想都别想 (/这事没有商量的余地/没门儿)

一般用来拒绝那些对自己提出请求或要求的人，语气比较强烈。如：想让我的女儿嫁给你？没门儿。

4. 这事没有先例，我们不能开这个头儿

一般用来拒绝请求或要求自己违反规定做事情的人，语气比较严肃。如：你说你提早退休，但是退休金却要和大家一样，这事没有先例，我们不能开这个头儿，我不同意。

5. 我不这么想 (/我不觉得这是个好办法)

一般用来表达不接受对方的观点。如：你说第一次犯错误可以不计较，我不这么想。

一、用正确的语气语调朗读下列句子

1. 嘿，别那么见外！你是我的铁哥们儿，咱们俩谁跟谁呀！

2. 饺子有什么好吃的？虽然吃饺子就不用点那么多菜了，但太单调了，一双筷子夹来夹去老在一个大盘子上，我们南方人不爱吃。

3. 哪儿赶得上在北方，大盘子大碗的，特实惠。

4. 说到牛排，你倒提醒了我，要不然我请你吃西餐吧。

5. 我才不吃那些洋快餐呢，那些大都是油炸的，吃多了对身体有害，还容易长胖。你没听说嘛，有人叫它垃圾食品。

6. 但是我们有言在先，这顿饭算我的，你不许和我抢。

7. 看把你急的！好吧好吧，听你的，我不和你争行了吧？

二、用课文中的词语或句型表达

1. 这位老人身体又好，孩子们又孝顺，生活很幸福。
   提示：福气

2. 都相处这么长时间了，这个人还是和我们很客气，不能像熟人一样。
   提示：见外

3. 我们两个是好朋友，你借的几块钱不需要还了。
   提示：谁跟谁呀

4. 今天中午一起吃饭，我请客。
   提示：做东

5. 朋友给我推荐的这套房子，位置、面积都不错，缺点是稍微贵了点儿。
   提示：……倒……，可……

6. 朋友们在一起聊天，我对很多方面都不熟悉。但后来我们谈电脑，这是我的专业，我了解的很多。
   提示：说到……

7. 我朋友自己会做饭，而且对饭菜色香味各方面都有研究。
   提示：美食家

8. 我和女朋友已经说好了，结婚以后互相不干涉对方的朋友交往。
   提示：有言在先

9. 妈妈看到儿子打球回来，满脸是汗，累得直喘，又心疼又生气。
   提示：看把你……

10. 丈夫把家里弄得乱七八糟，你不高兴，他连忙收拾，最后你满意了。
    提示：这还差不多

三、用"不同意"的表达法说说下列情景

1. 孩子想买一辆高级山地车，妈妈坚决不同意。

2. 你要去中国留学，父母不同意。

3. 你和朋友一起旅游的时候遇到了问题，朋友提出一个解决的办法，你不同意。

4. 你是一个学校的领导，一个学生提出来想先领取毕业证，然后再参加考试，你不同意。

5. 朋友想和你换房间，你告诉他不可能。

四、思考与表演

1. 朋友帮了你一个大忙，你请他去饭店吃饭表示感谢。
2. 考试结束后，同学们打算一起聚餐，出发前商量吃饭和买单的事儿。
3. 朋友们一起去饭店，根据个人不同的喜好点菜。
4. 关于考试的安排，学生们提出了各种要求和建议，老师都不同意。

第四课

有什么别有病

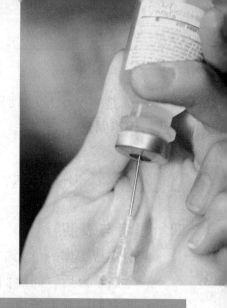

听力课文
一、一张治疗费用单

词语例释

| 神志不清 | 失去了知觉和理智。如：
病人送到医院的时候，已经神志不清了。 |

| 老年痴(chī)呆症 | 老年人得的病，得病以后性格改变，记忆力或判断力下降。如：
自从父亲得了老年痴呆症以后，她就搬回家和父亲一起住了。 |

| 卧　床 | 因为生病、年老等躺在床上。如：
摔断腿以后她卧床休养了一个月。 |

| 抢　救 | 在紧急、危险的情况下迅速救护。如：
受重伤的病人送到医院后，医生马上开始抢救。 |

| 昂(áng)贵 | 价格很高。如：
他买了一枚昂贵的结婚戒指送给未婚妻。 |

| 状　况 | 情况。如：
失业以后，他的经济状况不太好。 |

| 化　验 | 用物理或化学的方法检查。如：
医生让发高烧的病人先去化验血。 |

急诊 (zhěn)	病情严重，需要马上治疗。如：晚上突然生病，应该去医院看急诊。
诊　断	在给病人检查以后判断病人得的是什么病。如：医生诊断她得的是流感。
维　持	保持，使继续存在下去。如：警察在十字路口维持交通秩序。

练习

一、听后判断

1. 张印月的死因是由老年痴呆症造成的。（　）
2. 84岁的老人给亲属留下了一份昂贵的治疗费用单。（　）
3. 老人的治疗费用总共花了8000多块钱，对于和她情况相似的病人，这个花费明显偏贵。（　）
4. 一位和老人相熟的医生建议老人最好在家休养，不去医院。（　）
5. 老人的儿子虽然最后送老人去了医院，但是他没有尽心。（　）
6. 老人从卧床到去世一共只用了6天时间。（　）

二、听后选择

1. 张印月老人是哪天去世的？（　）
   A. 9月18日　　　　　　　B. 9月19日
   C. 9月21日　　　　　　　D. 9月22日

2. 在老人的治疗抢救过程中，哪一个项目的花费是934元？（　）
   A. 药费　　B. 治疗费　　C. 化验费　　D. 急诊观察费

3. 最能体现医生技术水平和价值的是（　）
   A. 开药　　B. 化验　　C. 急诊观察　　D. 诊断

4. 为了送老人去医院，家人拨打的电话号码是（　）
   A. 110　　B. 119　　C. 120　　D. 114

三、听后回答

1. 张印月老人被送往医院以前是什么情况？
   提示：患有……并有……

2. 除了悲伤和思念，老人还给后人留下了什么东西？
   提示：除了……之外，还……

3. 课文提到的花费主要有哪些？
   提示：由……组成

4. 相熟的医生认为靠什么手段是没有必要的？
   提示：靠……维持……

5. 家人为什么最终拨打了急救电话？
   提示：不是出于……而是避免……

四、听后思考

1. 你认为老人的儿子是否应该将老人送到医院治疗？为什么？
2. 在你们国家看病花的钱由谁买单？你认为病人的治疗费应该由谁来付？

◎ 二、饮食与健康 ◎

词语例释

营养不良	指缺乏营养的病。如： 过分减肥使她得了营养不良的毛病。
禽 (qín)	鸟类。如： 在禽流感流行的时候最好少去动物园参观。

贫　　血	人的身体中血量太少或血中缺少营养而得的病。如： 长期减肥容易得贫血。
食 用 油	可以吃的油，如花生油、香油、豆油和色拉油等。如： 橄榄油是一种最有利于减肥的食用油。
谷　　类	大米、小麦等食物。如： 多吃谷类食品有利于健康。
微量元素	身体需要量很少的营养物质。如： 为了身体健康，应该多吃含维生素等微量元素丰富的食物。
超　　重	本课指体重超过正常范围，但还没达到肥胖的程度。如： 快减肥吧，你已经超重了。
幅　　度	比喻事物变化的大小。如： 公司的产品质量有较大幅度的提高。

练习

一、听后判断

1. 近十年来，我国城乡居民的营养状况有了明显改善，营养不良发病率持续上升。（　　）

2. 我国城乡居民能量及蛋白质摄入完全得到满足。（　　）

3. 我国居民的饮食结构趋向合理。（　　）

4. 钙、铁、维生素等微量营养素摄入不足只是在我国的农村才普遍存在的问题。（　　）

5. 我国农村的高血压发病率上升迅速，已经不存在明显的城乡差距了。（　　）

6. 虽然超重人数比例较大，但是预计今后肥胖率不会有较大幅度的变化。（　　）

二、听后选择

1. 录音中没有提到我国哪种食物消费量的明显增加？（　　）
   A. 米　　　　　B. 肉　　　　　C. 蛋　　　　　D. 禽

2. 下列哪种统计比率稳步提高？（　　）
   A. 儿童营养不良患病率　　　　B. 居民贫血患病率
   C. 青少年生长发育水平　　　　D. 微量营养元素摄入率

3. 我国成人高血压的发病率是多少？（　　）
   A. 18.8%　　　B. 22.6%　　　C. 22.8%　　　D. 21.8%

4. 估计我国现有的成人糖尿病患病人数是多少？（　　）
   A. 2亿　　　　B. 6000多万　　C. 1.6亿　　　D. 2000多万

三、听后回答

1. 中国的儿童和青少年饮食与营养状况怎么样？
   提示：生长发育水平提高　营养不良患病率下降

2. 中国城乡居民的营养状况总体上怎么样？
   提示：趋向……

3. 中国居民营养与健康状况还存在着一些什么样的问题？
   提示：值得关注

4. 我国农村高血压的发病情况怎么样？
   提示：上升　城乡差距

5. 估计今后肥胖率将会有什么样的变化？
   提示：较大幅度

四、听后思考

1. 中国城乡居民普遍存在的饮食与健康问题有哪些？
2. 你认为什么样的饮食才更有利于健康？

叙述性口语课文
◎有钱难买好身体◎

赵小姐，20岁，大学生

我要说我小时候喜欢生病，你一定会骂我是个神经病，怎么会喜欢上这花钱遭罪的事。其实我小时候还算是个健康的孩子，只是偶尔感冒发烧。每当那时候，我就兴奋极了，因为我可以理直气壮地逃学，而且不管多忙，我妈也会放下她手头的工作，专心照顾我，给我吃很多平时捞不着吃的好东西。当然病得厉害的时候也会被老爸抓到医院去打针，嘿嘿，不过打完针可是有糖吃的。

钱先生，34岁，IT工程师

最近工作太忙，干活也没劲儿，成天觉得累，情绪也不稳定，晚上常常睡不着。前天晚上加班干到10点的时候，居然晕过去了，可把同事们吓坏了，赶紧送我去了医院。看急诊的大夫把我全身检查了个遍，结果什么毛病都没有，只是重度亚健康。医生建议我加强锻炼，多出门晒太阳，多吃新鲜的水果蔬菜和维生素A、维生素C丰富的食物，最重要的是要放慢生活的节奏，减轻心理压力。

孙女士，37岁，大学教师

我的老胃病又犯了，为了这老毛病我可没少跑医院，可是当时治好了，过一阵又犯了。我的同事老胡建议我去看看中医。给我看病的孙大夫今年已经70多岁了，别看他年纪大，可是经验很丰富，他不用任何仪器，只是先看看我的脸色，再问问症状，然后再把把脉，最后开了一个很复杂的中药方子。在家煎中药太麻烦了，干脆委托医院代煎，反正也花不了几个钱。喝了两个疗程的中药以后，我的胃病彻底好了，中医真的很神奇！

李大爷，60岁，癌症病人

我刚得癌症的时候，家里人都不敢告诉我，怕我接受不了这个现实。但是哪有不透风的墙，又是做手术又是化疗的，我就知道我的病不轻。当时吓得我腿都软了，我觉得快死了，每天吃不下，睡不着。冷静下来，我也想开了，不管活到多少岁，早晚不都是个死吗？我就写了一份遗嘱，对后事做了个安排。可是现在的生活多好啊，谁不想多活几年呢？所以我得配合医生治疗，说不准还能发生点儿奇迹呢！

井上，22岁，日本留学生
我来中国以后闹了个大笑话。刚来中国我有点儿水土不服，不但脸上长满了疙瘩，而且便秘很严重。我当时觉得自己的汉语水平还不错，就自己跑到医院去看医生。大夫问我怎么了，我不会说"便秘"这个词，但是我早就学会说"拉肚子"了，所以我告诉医生我要拉肚子的药，结果医生以为我腹泻，给我开了治疗肠胃炎的药。不用说你们也知道，我的便秘更厉害了。上课时我气呼呼地告诉老师中国的大夫不好，可老师听我说明情况以后，肚子都笑疼了。

周小姐，28岁，秘书
我最近牙疼得厉害，下面第二个槽牙总是隐隐约约地疼，脸都肿了，吃凉的热的都不行。开始我也没当回事，以为忍一忍就过去了，可是牙疼不是病，疼起来真要命。有一天半夜，我睡得好好的，突然疼醒了，疼得我翻来覆去再也睡不着了。第二天赶紧去口腔医院看牙医，医生给我检查以后说，再拖着不去治就只能拔牙了。最后，医生给我补了牙，现在全好了。你还别说，以后有个头疼脑热的还真得早点儿去看医生。

词语例释

理直气壮	理由充分，因而说话有气势。如： 有的同学生了病就理直气壮地不去上课了。
逃　　学	应该上学的学生故意不上学。如： 她逃学以后挨了妈妈的打。
亚健康	身体虽然没有得病，但是出现疲劳、头疼、失眠和容易忘事等不舒服的情况。如： 现代社会，人们工作很累，压力很大，容易导致亚健康。

症　　状	因为生病而表现出来的特殊感觉和状态。如： 咳嗽、发烧是感冒的症状。
把脉 (mài)	看中医时，医生用手按在病人手腕的动脉上诊断病情。如： 来，让这位有名的老中医给你把把脉，看看你到底得了什么病。
煎 (jiān)	把东西放在水里煮，使所含的成分进入水中。如： 买好中药以后要拿回家好好煎。
疗　　程	对某些病规定的连续治疗的一段时间叫做一个疗程。如： 治疗了两个疗程，腿疼就好了。
遗　　嘱	人在生前或临死时写的如何处理死后的事的文件。如： 知道自己得了不治之症以后，他马上写下遗嘱。
后　　事	丧事。如： 医生宣布病人死了，让他的家人准备后事。
奇　　迹	想象不到的不平凡的事。如： 他的病居然奇迹般地好起来了。
水土不服	不适应某个地方的自然环境和气候而身体不舒服。如： 刚来留学时，我水土不服，经常拉肚子。
疙瘩 (gēda)	皮肤上的小突起。如： 十多岁的孩子脸上容易长疙瘩。
便　　秘	大便很干，大便困难而且次数少。如： 不吃蔬菜容易便秘。
腹泻 (xiè)	拉肚子。如： 吃了不干净的东西容易腹泻。
拖 (tuō)	把时间延长，不迅速办理。如： 老板拖着不发工资，工人们都很生气。

练习

一、用课文中的词语表达

1. 他都20多岁了，还用父母的钱，他说用父母的钱是应该的。
   提示：理直气壮

2. 老师告诉家长，他的孩子经常不来上课。
   提示：逃学

3. 家里钱不充裕，有营养的东西都给老人吃了，我们没有机会吃。
   提示：捞不着

4. 我去看了中医。
   提示：把脉　症状　煎药

5. 她以为自己做的事情很秘密，但是不可能没有人知道。
   提示：没有不透风的墙

6. 王师傅不幸去世了，现在大家都为这件事情在忙。
   提示：后事

7. 刚来中国的时候，我身体不舒服，经常闹毛病。
   提示：水土不服

8. 牙疼是一件很麻烦的事情。
   提示：牙疼不是病，疼起来要人命

9. 有病应该及时去医院治疗，不去治疗容易使病情变严重。
   提示：拖

二、用课文中的句型表达

1. 别看……，可是……

   例句：别看他年纪不大，可是非常懂事。

   (1) 他好几年没锻炼了，但是还是和以前差不多。

   (2) 学习时间短，不一定水平低。

2. ……，干脆……，反正……

   例句：这双鞋这么旧了，干脆扔了算了，反正还有别的可以穿。

   (1) 很晚了，不写了，因为明天还用不着。

   (2) 他报名晚了，很着急。老师劝他下次再说，因为他准备得并不好。

3. 又是……又是……

   例句：他又是端茶又是点烟，对我可热情了。

   (1) 去医院看病很麻烦，抽血、化验一样都不少。

   (2) 妈妈每天下班后很辛苦，要做很多家务。

4. ……，说不准……

   例句：要多穿点儿衣服，说不准明天会下雪呢。

   (1) 你有问题就要说出来，可能有人知道。

   (2) 你去碰碰运气，不一定不成功。

5. 不用说你也知道，……

   例句：那种药真的管用，我就买了。不用说你也知道，我吃了药就好了。

   (1) 我每天晚上吃得很多，现在比较胖。

   (2) 他又要上班，又要装修房子，大家都知道他累极了。

三、思考与讨论

1. 你认为怎样做才会有健康的身体？
2. 有人说，健康包括身体和心理两方面，你怎么看待健康？
3. 谈谈你对亚健康的认识。

对话性口语课文

◎看　病◎

医生：你怎么了？怎么看上去这么没精神？

病人：我浑身不舒服，头疼、恶心、吃不下饭，有时还喘不过气来，鼻子嗓子都不对劲儿，我快难受死了。

医生：张开嘴，我看看你的嗓子。……哦，嗓子发炎了，有点儿红肿，咽唾沫疼不疼？

病人：疼，不过，头最疼了。

医生：给你体温表，量量体温吧，夹在腋下就行。（五分钟后）好了，五分钟到了，拿来我看看。好家伙，39度4，你发高烧了。大小便正常吗？

病人：还行，就是小便有点儿发黄。

医生：把衣服掀起来，我听听你的心脏和肺。嗯，心脏跳得有点儿快，肺有点儿杂音。把袖子卷起来，我量量血压。

病人：我的心脏和肺都有毛病吗？大夫，我是不是得了不治之症？你直说吧！

医生：你想到哪儿去了？高压140，低压90，稍微有点儿高。这样吧，我给你开几张单子，先去拍一张肺部的X光片儿，然后再去化验化验血和尿。

病人：做这些检查是不是挺贵的？得花个千儿八百的吧？我身上可没带那么多钱。

医生：用不了那么多，一两百就够了。你没参加医疗保险吗？

病人：我是自由职业者，平时身体挺好的，就没想起来办那玩意儿，现在真是后悔了。大夫，我到底得的是什么病？

医生：估计是重感冒，但现在还不好说，等化验结果出来了再说吧。

词语例释

唾沫 (tuòmo)	口水。如： 她馋得直咽唾沫。
夹	把东西放在腋下使不掉下来。如： 老师夹着书走了进来。
腋 (yè) 下	身体和肩膀连接的地方靠下的部分。如： 体温表一般夹在腋下，量五分钟左右。
好家伙	叹词，表示惊讶或赞叹。如： 好家伙，他们一晚上走了一百里地。
掀 (xiān)	把衣服向上拉、揭。如： 把衣服掀起来让大夫看看。
杂音	本课指心、肺等有病的时候发出的不正常的声音。如： 医生听出了他的心脏有杂音。
袖 (xiù) 子	衣服套在胳膊上的部分。如： 你的袖子破了。
卷	把东西弯成圆形。如： 她回家以后卷起袖子就干活。

表达拓展

"询问"的表达法

课文中用到了"询问"的表达法。如：

1. ……怎么了？ (/怎么……?)

这个用法非常普通，可适用于任何情况，当你看到有点儿反常的人或情景时都可以这样表达。比如课文中的句子：你怎么了？怎么看上去这么没精神？再如：你今天怎么了？怎么一点儿书也不想看？这像是要考研究生的样子吗？

2. ……吗？

这个用法是最基本的询问方式，即用疑问词来询问。比如课文中的句子：

① 大小便正常吗？② 我的心脏和肺都有毛病吗？再如：难道连这么简单的问题都不会吗？

其他常用的疑问词还有什么、几、哪里、多少等等。如课文中的句子：我到底得的是什么病？再如：你今年几岁？从哪里来？你家有多少人？

课文中的询问都是较为简单的基本询问方式。除了课文中的以外，还有其他一些"询问"的表达方法。如：

1. 怎么称呼你？ (/请问您尊姓大名？)

一般用来询问别人的姓名。比"你叫什么名字"委婉客气得多。如：这位先生，请问您尊姓大名？

2. 请问您芳名 (/芳龄？)

一般用来客气地询问年轻女性的姓名或年龄，较文雅。如：张小姐，能不能请问您的芳名？

3. 老人家高寿？

一般用来客气地询问老人的年龄。如：昨天在晚会上，我看到一个头发和胡子全白了的老人居然表演了一套武术，我连忙上前问他："请问您老人家高寿？"

4. 做哪行的？ (/在哪儿高就/发财？)

一般用来客气地询问对方的职业和工作单位。如：一直只知道您是一家企业的经理，但您是做哪行的？

5. 什么时候请我们吃喜糖？ (/什么时候请我们喝喜酒？)

一般用来询问别人的婚期，双方关系较为密切。如：小刘，我们这些哥们儿可都成家了，什么时候吃你的喜糖呀？

6. 是你什么人？

一般用来询问某人和对方的关系。如：你一直帮他说话，他到底是你什么人？

7. 你还有什么要（说/写/补充）的？

一般用来询问对方的意见，多用在已经进行了一段时间以后。如：我们已经达成了初步的意见，请问您还有什么要补充的？

一、用正确的语气语调朗读下列句子

1. 我浑身不舒服，头疼、恶心、吃不下饭，有时还喘不过气来，鼻子嗓子都不对劲儿，我快难受死了。
2. 我的心脏和肺都有毛病吗？大夫，我是不是得了不治之症？你直说吧！
3. 你想到哪儿去了？
4. 做这些检查是不是挺贵的？得花个千儿八百的吧？我身上可没带那么多钱。
5. 估计是重感冒，但现在还不好说，等化验结果出来了再说吧。

二、用对话中的词语或句型表达

1. 昨天熬了一夜，今天早上感到只想睡觉。
   提示：没精神

2. 没想到，6岁的小男孩居然能提起15公斤重的水桶。
   提示：好家伙

3. 你和女朋友已经恋爱好几年了，但是发现她最近很不对劲，你要求她直接告诉你原因。
   提示：直说

4. 你让女朋友暂时别来找你，因为你最近要复习考试。可是她以为你想和她分手，你安慰她。
   提示：你想到哪去了

5. 同学们对于去哪里参加考试犹豫不决，你作为班长要表达一个决定性的意见。
   提示：这样吧

6. 现在即使去近一点儿的地方旅游，也需要不少钱。
   提示：千儿八百的

7. 你问朋友最近股票能不能升，朋友不敢肯定。
   提示：不好说

8. 你本来已经看好了一套房子，想要买下来，但最近做生意亏了不少钱，你告诉妈妈现在先不买了。
   提示：等……再说吧

三、用询问的表达法说说下列情景

1. 你在图书馆认识了一个年轻漂亮的女生，你很想了解她，你问她的基本情况。

2. 早晨锻炼身体时，和你一起晨练的老大爷看上去特有精神，你很佩服，你想了解他的年龄。

3. 出差时，在宾馆和你同住的人说自己是生意人，你和他聊天。

4. 同事小丽和男朋友恋爱快3年了，你们觉得她应该快要结婚了。

5. 你是单位的总经理，公司开会的时候你强调了很多问题，结束会议时你向其他几个副总经理说什么？

6. 同屋大克最近来了一个客人，他们关系好像很密切，你问他们的关系。

四、思考与表演

1. 你最近拉肚子，你去医院看病。
2. 你去医院看过病吗？你觉得中国的医院怎么样？
3. 你怎么理解"有什么别有病"这句话？
4. 在一次朋友的生日宴会上，你认识了一个新朋友。

回顾与复习一

一、听一听

第一部分

说明：1—15题，这部分题目，都是一个人说一句话，第二个人根据这句话提一个问题，请你在四个书面答案中选择唯一恰当的答案。

1. A. 我很忙，不想算钱　　　　B. 说话人让别人帮忙算钱
   C. 我不喜欢瞒着别人　　　　D. 我的脑袋太大了，不能算钱

2. A. 我说话说得很好
   B. 我的嘴差一点破皮
   C. 他开始不同意给我买唱片
   D. 因为我的嘴破了，他才答应给我买唱片

3. A. 否定　　　B. 怀疑　　　C. 失望　　　D. 吃惊

4. A. 苹果　　　B. 西瓜　　　C. 橘子　　　D. 没说

5. A. 干煸大头菜、水煮牛肉、酸菜鱼是四川菜
   B. 说话人对四川人不满意
   C. 说话人对对方不满意
   D. 对方没吃过这些菜

6. A. 饭店经理　　　　　　　　B. 餐厅服务员
   C. 中医大夫　　　　　　　　D. 网络商人

7. A. 不买　　　　　　　　　　B. 买好的
   C. 一次买很多　　　　　　　D. 买贵的

8. A. 现在买车必须要一次性付款　　B. 买一辆车要花8万块
   C. 买一辆车首付要3万多块　　　D. 买一辆车至少需要8万元左右

9. A. 饭店　　　B. 商店　　　C. 公司　　　D. 电影院

10. A. 村子里没有商店　　　　　B. 买东西不方便
    C. 现在不吃以后就没了　　　D. 商店里卖面包

11. A. 我买了一台旧电脑　　　　B. 我买了一台新电脑
    C. 我用电脑来上网　　　　　D. 我买电脑的时间不长

12. A. 经济　　　B. 化学　　　C. 旅游　　　D. 环境保护

13. A. 小李　　　B. 小张　　　C. 小王　　　D. 小赵

14. A. 500块　　 B. 450块　　 C. 350块　　 D. 400块

15. A. 点菜　　　B. 自己做　　C. 饭店安排　D. 随便吃点儿

第二部分

说明：16—35题，这部分题目，都是两个人的简短对话，第三个人根据对话提出一个问题，请你在四个书面答案中选择唯一恰当的答案。

16. A. 漂亮的　　　　　　　　　B. 喜欢的
    C. 便宜实惠的　　　　　　　D. 无所谓，随便

17. A. 过时了　　B. 很时髦　　C. 很得体　　D. 很喜欢

18. A. 因为去晚了，所以没买上　　B. 虽然去得有点儿晚，还是买上了
    C. 因为去得早，所以买上了　　D. 尽管去得早，仍然没买上

19. A. 今天去　　B. 今天不去　　C. 明天去　　D. 明天不去

20. A. 一个　　B. 两个　　C. 三个　　D. 四个

21. A. 商人　　B. 导游　　C. 中学教师　　D. 公务员

22. A. 酸的　　B. 甜的　　C. 苦的　　D. 辣的

23. A. 1 支　　B. 4 支　　C. 8 支　　D. 不清楚

24. A. 吃饭　　B. 包饺子　　C. 打扫卫生　　D. 种花

25. A. 反对　　B. 恶心　　C. 高兴　　D. 痛苦

26. A. 市场购物　　B. 超市购物　　C. 书店购书　　D. 车站买票

27. A. 视觉　　B. 味觉　　C. 触觉　　D. 嗅觉

28. A. 国外　　B. 市场　　C. 网络上　　D. 小摊

29. A. 招聘老师　　　　　　B. 招聘职员
　　C. 姑娘找对象　　　　　D. 小伙子找对象

30. A. 吃药　　B. 打针　　C. 做手术　　D. 改变生活习惯

31. A. 明天改　　B. 改不了　　C. 以后改　　D. 一定改

32. A. 去开会了　　　　　　B. 病了
　　C. 不愿去开会　　　　　D. 去单位请假了

33. A. 想帮助她　　　　　　B. 替她害怕
　　C. 认为没有必要害怕　　D. 看她害怕，很高兴

34. A. 1 度　　B. 1 度半　　C. 2 度　　D. 2 度半

35. A. 认识张老师　　　　　B. 不认识张老师
　　C. 和张老师是同学　　　D. 和张老师的爱人是同学

第三部分

说明：36—50题，这部分题目，你将听到几段简要的对话或讲话。每段话之后，你将听到若干个问题，请你在四个书面答案中选择唯一恰当的答案。

36. A. 我一共学了三次英语　　　B. 我上学时英语基础不好
    C. 我的每次英语学习都不成功　D. 我的学习方法不断改变

37. A. 老师　　　B. 演员　　　C. 外教　　　D. 学生

38. A. 学校是外教给全班同学上课
    B. 上课的老师都是美国姑娘
    C. 我来这个学校是听了朋友的话
    D. 学费很贵，14个小时要1万块

39. A. 兄妹　　　B. 熟人　　　C. 好朋友　　　D. 老板和工人

40. A. 装修的时候要找熟人
    B. 装修是一件非常惹人生气的事情
    C. 装修的时候不要太信任熟人
    D. 人装修的时候总要吃亏上当

41. A. 找装修商　B. 找好朋友　C. 买东西　D. 不能提

42. A. 勇敢　　　B. 智慧　　　C. 诚信　　　D. 乐观

43. A. 教授　　　B. 公司经理　C. 骗子　　　D. 经济师

44. A. 公司的人喜欢隐藏秘密　　B. 公司的人吃不下饭，睡不着觉
    C. 公司已经经营了十年了　　D. 公司的地址很好，房子也不错

45. A. 人应该讲究诚信　　　　　B. 公司应该讲求诚信
    C. 公司应该多创造价值　　　D. 诚信的人容易达到理想

46. A. 很正常，应该花　　　　　B. 赔钱
    C. 倒贴　　　　　　　　　　D. 不应该

47. A. 我就认为他小气 　　　　B. 我就怀疑他不爱我
　　C. 我就难过极了 　　　　　D. 我就好好打他一顿

48. A. 1次　　　B. 2次　　　C. 30次　　　D. 不清楚

49. A. 他30岁时认识了我
　　B. 他各种节日都和我一起乐和
　　C. 他不经常送我礼物
　　D. 他好像能发现自己的错误

50. A. 男孩子应该经常给女孩子送礼物
　　B. 不送礼物的男朋友可能不爱自己的女朋友
　　C. 男人和女人表达爱的方式不同
　　D. 和男朋友一起过各种节日很重要

二、想一想

1. 在第一课至第四课中，我们学过很多描写人物相貌特征的词语。请同学们分成两组比赛一下，看哪组说得多说得快。

第一组	第二组
三十上下	不到四十
瓜子脸	苹果脸
披肩发	卷发
……	……

2. 在第一课至第四课中，我们学习了有关购物的内容。关于购物，每个人都有不一样的看法和做法，请同学们分成两组，每组说说自己的观点。

第一组	第二组
赠品	二手货
实惠	名牌
省吃俭用	空空的钱包
……	……

三、填一填

1. 用下列词语填空：

> 伸懒腰　　蹭饭　　别往心里去　　好说歹说　　开眼界　　油水　　乐和
> 看不出来　　好家伙　　捞不着　　没有不透风的墙　　见外　　理直气壮
> 家常便饭　　过了这个村没这个店　　拖

周末的早上，八点钟才起来，我_____了个_____，看了看旁边床上的同屋。_____，他躺在床上打着呼噜，睡得正香呢。我这同屋什么都好，就是太能睡懒觉，每天早上都起不来，迟到旷课对他来说是_____，老师批评他，他还_____地说："老师，年轻人都是这样的，这是很正常的。"今天，我已经和姐姐说好了，要去她家_____，因为今天姐姐休息。姐姐的工作十分忙，星期天基本上_____休息。这次本来也不能休息，姐姐和老板_____，老板才同意她休息一天。这可是个好机会，我无论如何都要去，要知道，_____，我每天在学校吃食堂，肚子里一点儿_____都没有。再说，在姐姐家还可以上上网、看看电视，一边_____，一边和姐姐姐夫一起吃饭聊天，_____一下。去姐姐家刚一坐下，姐姐就问我关于女朋友的事儿。哎呀，我谈恋爱这件事很秘密呀，姐姐怎么知道的？姐姐生气地说："世界上_____，只要你做过，一定会有人知道。你也太_____了，我是你亲姐姐呀，这么重要的事都不告诉我。"我还真_____，姐姐表面很温柔，发起脾气来还真吓人。我连忙说："姐姐，我不是故意_____着不告诉你，我是想等感情稳定点儿再带来见你。"姐姐看我紧张的样子，笑着说："姐姐不是真生气，是和你闹着玩儿的，你_____呀。"

2. 用下列句型填空：

> 你猜怎么着？　　……得了　　你还别说……　　就拿……来说吧
> 亏你还是……　　这哪儿是……，简直就是……　　想到哪儿去了？
> 这样吧　　别看……　　这不……　　别提多……
> 本来……可是……

我最喜欢买东西了，朋友也一样，每隔几天我们就要买一次东西。_____，昨天我们两个又一起去市里买东西了。_____我们两个现在都不挣钱，可是我们花起钱来一点儿都不心疼。当然了，花钱买到了自己喜欢的东西，那种感觉_____痛快了。昨天，_____我们两个说好了少花钱，_____一看到喜欢的东西就控制不住了。在商场，我俩都看上了一条羊毛围巾，但只剩下一条了，怎么办呢？朋友说："_____，这条围巾你就让给我，你下次再买好了。"我很不高兴地说："_____我最好的朋友呢，居然和我抢东西。如果你真是我的好朋友，这条就给我。"朋友说："你_____？我没有和你抢东西，我这不是在和你商量嘛。好了好了，这条围巾让给你买_____。"我高高兴兴地买下了那条围巾。_____，这条围巾质量就是不一样，我围上漂亮极了。昨天我们两个一共带了3000多块钱，_____？回家的时候居然一分钱都没剩下。妈妈生气地骂我："年轻人不赚钱，就应该节约，不该花的钱不要花。_____我自己_____，我也有喜欢的东西，但我考虑到家里的经济情况，再喜欢我也能放弃。哪儿像你们这样，你们_____买东西，_____扔钱嘛。"

四、练一练

用"介绍""安慰""不同意""询问"等表达法填空：

1. 甲：同学们，今天晚上学校有一个讲座，是来自北京大学的著名文学评论家王志飞教授做的，希望大家有时间都去听一下。

   乙：老师，我很想认识王教授，_____？

   甲：这位同学，我以前好像没见过你，_____？

   乙：啊，对不起，我忘了说了，_____，我叫林风，是历史系的学生。

2. 甲：我今天真倒霉，骑自行车居然撞到了一棵树上，结果，我的车坏了，师傅说修不好了。

   乙：呵呵，不要伤心，_____，你那破自行车早就该换一辆了。

   甲：更倒霉的还没告诉你呢，我之所以撞到树上，都是因为我女朋友提出要和我分手。

   乙：为什么？

   甲：她变心了，看上了一个有钱的花花公子，不就是有两个臭钱吗？气死我了，我现在真想杀了他们。

   乙：千万不要冲动。你_____，中国人常说，_____，你再找一个不就得了？

3. 甲：老师，拜托您一件事。我有事要提前回国，您先把毕业证发给我，我以后再回来补考，可以吗？您知道，毕业证对我很重要，我现在需要它。

　　乙：不行啊，_____。

　　甲：老师，规定是死的，人是活的，咱们灵活一点儿不行吗？

　　乙：这绝对不行。_____，你不要再说了，你还是考完试再走吧。

4. 甲：很高兴认识你。小姐，_____？

　　乙：女孩子的年龄是秘密呀。先生，_____？

　　甲：我在一家外贸公司做推销员。我们先生小姐的多见外呀，小姐，_____？

　　乙：叫我小刘好了。

五、编一编

用下列词语编一段对话或者短文，至少用上三个：

转念一想	二手货	心痒	吃一堑长一智	看把你……
有言在先	这还差不多	老皇历	不对劲	

提示情景：你看到很多朋友都买了电脑，你也想买，但是妈妈不同意，因为你家现在钱不太宽裕，更重要的是妈妈担心买了电脑影响你的学习。你向妈妈保证不耽误学习，妈妈和你约了几个条件才勉强同意了。

六、说一说

1. 你认为什么样的朋友才是真正的朋友？
2. 中国有一句话：便宜没好货，好货不便宜。谈谈你对这句话的理解。
3. 介绍一种你最喜欢吃的饭菜，并简要说明一下它的做法。
4. 你了解中国的医院吗？你觉得和你们国家的有什么区别？
5. 谈一谈你在中国买东西的经历。

第五课

爱情是什么？

听力课文

◎ 一、A君找对象 ◎

词语例释

| 端正 | 不歪，各部分很平衡。如：
很多单位招聘职员的要求都是五官端正。 |

| 挑三拣(jiǎn)四 | 过分地挑剔。如：
你怎么每次吃饭都挑三拣四的？太不像话了。 |

| 够呛(qiàng) | 不一定能达到希望达到的目的或结果。如：
我觉得他够呛能通过考试。 |

| 意中人 | 心里爱的异性。如：
我到现在还没有找到自己的意中人。 |

| 悲哀 | 对情况无可奈何而伤心。如：
一年一年过去了，我也变老了，真是让人悲哀啊！ |

练习

一、听后判断

1. A君找对象的理想发生了很大的变化。　　　　　　　　（　　）

2. A 君对女人皮肤的要求很高。（　　）

3. A 君对女朋友的要求随着年龄增长越来越低。（　　）

4. A 君 30 岁以后自己到处找对象。（　　）

5. 作为一个残疾人，A 君在小城很有名。（　　）

6. A 君认为早点儿结婚的话自己的妻子可能比现在的妻子强。（　　）

二、听后选择

1. 下面哪个方面不是 A 君的情况？（　　）
   A. 现在的人觉得他身高太矮　　B. 他的相貌属于中等水平
   C. 他的家庭条件很一般　　　　D. 他的大眼睛使他看起来很精神

2. 工作后 A 君对见过面的姑娘很挑剔，下面哪个方面没有提到？（　　）
   A. 身材　　　B. 皮肤　　　C. 身高　　　D. 地位

3. A 君找对象的标准发生了几次变化？（　　）
   A. 一次　　　B. 两次　　　C. 三次　　　D. 四次

4. 姑娘挑 A 君，下面哪个方面没提到？（　　）
   A. 收入　　　　　　　　B. 家庭条件
   C. 年龄　　　　　　　　D. 文化程度

5. A 君工作时大约多大年龄？（　　）
   A. 二十岁左右　　　　　B. 二十九岁
   C. 二十六七岁　　　　　D. 二十三四岁

三、听后回答

1. A 君的身高情况怎么样？
   提示：按……标准　残废

2. A 君的相貌是什么样子？属于什么情况？
   提示：端正　谈不上　中上水平

3. A 君对工作后见过的姑娘觉得怎么样？
   提示：不是……就是……　嫌

4. 为什么很多姑娘不愿和 A 君见面？
   提示：挑三拣四

5. 30 岁时 A 君找对象的条件是什么？
   提示：不求……只要……就可以了

6. 30 岁时 A 君为什么还没找到理想的对象？
   提示：轮到　够呛

7. 33 岁时 A 君觉得怎么样？
   提示：坐不住　难上加难　急剧下降

8. W 小姐为什么嫁给了 A 君？
   提示：挑了一圈　意中人

四、听后思考
   1. A 君找不到理想对象的原因是什么？
   2. 你觉得什么样的人找对象比较难？

二、大学生的恋爱观

词语例释

| 看　重 | 看得很重要。如：
如果你看重对方的钱，对方会看不起你的。 |

过家家	一种孩子们玩儿的游戏，几个孩子扮成一个家庭的人一起玩儿。如： 小时候过家家时我们俩总是一个当丈夫，一个当妻子。
闹着玩儿	用随便的态度对待人或事情。如： 你以为工作是闹着玩儿的事吗？
健谈	善于说话，说很长时间也不觉得厌烦。如： 他是个很健谈的人，和他在一起你不会觉得无聊。
体贴	细心观察别人，给他合适的关心和照顾。如： 这个小伙子很会体贴照顾别人，将来肯定是个好丈夫。
理智	判断对错、好坏或指控制自己行为的能力。 失恋的时候一定不要失去理智，否则会做出一些不该做的事情。

练习

一、听后判断

1. 这次调查是中国青年报开展的。　　　　　　　　　　　　（　　）
2. 大学生谈恋爱完全不考虑对方的经济能力和社会地位。　　（　　）
3. 被调查者不重视对方的家庭。　　　　　　　　　　　　　（　　）
4. 有的大学生谈恋爱不是认真的。　　　　　　　　　　　　（　　）
5. 大多数被调查者可以正确对待恋爱和分手。　　　　　　　（　　）
6. 不能肯定相信不相信网恋的被调查者占被调查者总数的1/4。（　　）

二、听后选择

1. 这次调查主要涉及到恋爱的几个方面？（　　）
　　A. 三个方面　　　　　　　　B. 四个方面
　　C. 五个方面　　　　　　　　D. 六个方面

2. 这次调查没调查到哪方面的情况？（　　）
　　A. 恋爱次数　　　　　　　　B. 恋爱目的
　　C. 恋爱态度　　　　　　　　D. 恋爱关注点

3. 女生喜欢的异性类型下列哪个课文中没提到？（   ）
   A. 幽默   B. 很会关心人
   C. 少言寡语   D. 有家庭观念

4. 男生喜欢的女性类型下列哪个课文中没提到？（   ）
   A. 顺从型   B. 贤惠型
   C. 活泼型   D. 独立型

5. 下面哪个观点课文中没有提到？（   ）
   A. 很多人对大学生恋爱有误解
   B. 大部分大学生在恋爱态度上比较理智
   C. 大学生都很重视对方的性格品质，不重视相貌身材
   D. 大学生大多数不相信网恋

三、听后回答

1. 调查表明，大学生恋爱有什么特点？
   提示：最看重   不是……而是……

2. 以前很多人对大学生恋爱是怎么看的？
   提示：过家家   闹着玩儿   解除寂寞

3. 大学生的恋爱态度主要的两种是什么？
   提示：促进   干扰

4. 不相信网恋的大学生的理由是什么？
   提示：不真实

四、听后思考

1. 你觉得现在大学生的恋爱观课文中没提到的还有哪些？
2. 你怎么看待网恋？

叙述性口语课文
◎谜一样的爱情◎

俗话说：三个女人一台戏。今天一帮女同事凑在一起聊家常，屋子里热闹得不得了。说到爱情的话题，她们个个抢着发表自己的观点。

范青，56岁，办公室主任

现在的年轻人真是太幸福了，想怎么恋爱就怎么恋爱，想分手就分手，没人会管你的私事。哪儿像我们那时候，谈恋爱有一百双眼睛盯着你。在别人面前连拉手都不敢，更别说别的亲热举动了。要是谈了恋爱再想分手，那就更是被人看不起了，特别是姑娘，很多人都会觉得她轻浮，作风不好。唉，真是羡慕现在的年轻人啊！

林风，50岁，高级会计师

你说羡慕现在年轻人谈恋爱自由，可是现在的孩子就是怪，越是可以谈，有些人反而越是不想谈了。我们家对门的儿子，都三十好几了，高低不谈恋爱，说自己要当一辈子单身贵族。他妈妈愁得常掉眼泪，可孩子一副没心没肺的样子。他还反过来劝他妈说："妈，你看，现在的姑娘有几个会跟我踏踏实实地过日子？谈了恋爱我还得多照顾一个人，不如现在自己管好自己就行了。要是我随随便便结婚了，将来整天吵架，你还不是要跟着我们操心？"咳，你说这叫什么事儿！

李宁，40岁，经济师

你说的那个是不谈恋爱，我认识的一个是想谈谈不了。那姑娘上学时单恋一个男孩儿，什么都为那个小伙子做，就是不敢向他表白。结果小伙子有了别的女朋友。现在人家都结婚了，可姑娘还是不死心，说自己的心里除了那位再也装不下别人了，现在不想跟别人谈恋爱，就这么等下去。你说这让人着急不？

王晴,32岁,职员

我表妹更让人担心。她说现实生活里没有浪漫的爱情,只有网上才可以找到,所以整天在网恋。前一阵子,她和那位已经热得不行了,在网上互称老公老婆,每天一回家就坐在电脑前,一会儿哭一会儿笑的,弄得跟个神经病似的。你们说,她这种情况愁不愁人?

田星依,26岁,职员

你们说的怎么都那么可怕?我倒觉得现在的年轻人还是正常的多。我们同学大部分正在谈恋爱,一对儿一对儿也是甜甜蜜蜜的好得跟什么似的。当然,现在的社会比较复杂,因为钱啊地位啊分手的也挺多,可我觉得这种情况什么时代都有,你们这些过来人可别戴着"有色眼镜"看我们年轻人啊!

词语例释

家　　常	家庭日常生活。如: ① 女人们在一起很喜欢聊家常。② 这家饭店做的家常菜口味儿挺不错的。
轻浮 (fú)	说话做事随便、不稳重。如: 这个姑娘长得挺漂亮,可看起来有点儿轻浮。
作　　风	思想、工作、生活上表现出来的态度、行为。本课中指生活中对待异性的行为态度。如: 她和好几个小伙子谈过恋爱,有些人说她作风不太好。
高　　低	无论如何。如: 不管我怎么劝他,他高低不同意参加比赛。
没心没肺	说话做事不加考虑,很随意,没有任何顾忌。如: 你妈妈都快病死了,你怎么还照样玩儿?整天一副没心没肺的样子!
踏　　实	工作或学习态度不急躁,一步一步地做。如: ① 年轻人刚开始工作更应该踏踏实实地干好自己负责的事情。② 因为学习态度很踏实,所以他的进步非常快。

单 恋	一方爱上另一方,而对方并不爱她(他)。如: 上中学时她单恋她们班的班长,这件事她谁也没告诉过。
死 心	(对某人或某事)不再有希望。如: 她拒绝了那个小伙子很多次,可小伙子还是不死心,仍然拼命追她。
甜 蜜	形容感到幸福、愉快。如: 他们现在正在热恋,看起来一副甜蜜的样子。
有色眼镜	原指镜片有颜色的眼镜,比喻看待某人某事时有偏见。如: 他以前犯过错误,可你不能总是戴着有色眼镜看他,他已经改好了。

一、用课文中的词语说说下列情景

1. 今天妈妈的女同事们都来到我家,我们家热闹得不得了。
   提示:三个女人一台戏

2. 很多老人很喜欢和别人聊家庭生活方面的事情。
   提示:聊家常

3. 我可不敢在公共场合和男朋友亲热,总觉得很多人都看我。
   提示:有一百双眼睛盯着

4. 有个姑娘整天换男朋友,别人可能会怎么说她?
   提示:轻浮 作风

5. 他说自己要搬出去住,可父母怎么也不同意。
   提示:高低

6. 这个姑娘在父母得了重病住院时也总是说说笑笑的,别人会怎么说?
   提示:没心没肺

7. 虽然这家公司说不需要人了,可我还觉得有一点儿希望,想再试试看。
   提示:死心

8. 你怎么说哭就哭,说笑就笑?真不正常!
   提示:跟个神经病似的

9. 一对恋人关系很好,很甜蜜,别人会怎么描述这种情况?
   提示:跟什么似的

10. 你总觉得染头发的人都不是好人,其实是你的眼光有问题。
    提示:戴着有色眼镜

二、用课文中的句型表达

1. 想怎么V就怎么V
   例句:这件事你想怎么做就怎么做,不要管别人怎么看。
   (1) 这里没有别人,你随便坐就可以,不用那么正式。

   (2) 这篇文章没有具体要求,你按照自己希望的样子写就可以。

2. 想V就V(不想V就不V)
   例句:你已经70多岁了,想吃就吃,想喝就喝,不用考虑那么多了。
   (1) 别不好意思,如果你愿意唱歌就唱吧。

   (2) 要是愿意吃就多吃点儿,不愿意吃也可以不吃,别勉强自己。

3. 连……都……,更别说……
   例句:他连母语说得都不流利,更别说汉语了。
   (1) 她不孝敬自己的父母,怎么会孝敬公公婆婆呢?

(2) 他做不好简单的事情，当然更做不好复杂的事。

4. 越是……，……反而越是……

例句：越是容易的题，有时候反而越是容易出错。

(1) 你太宠爱孩子，孩子将来可能更不孝顺。

(2) 有时候条件太好，人可能更没有出息。

5. 要是……，还不是……

例句：你要是动手术后不好好休息，将来还不是自己吃苦？

(1) 如果你现在不复习单词，考试前也得复习。

(2) 年轻的时候不努力，老了肯定会后悔。

三、思考与调查

1. 请你说一说你谈恋爱的标准。
2. 你赞成不赞成早恋？为什么？
3. 请你去调查一个和你年龄差不多的中国人，看看他的恋爱标准和你有什么不同。

对话性口语课文

◎别挑花了眼◎

老大：① 小四，我们好长时间没见面了。

小四：对呀，要不是出差我们还不知道什么时候能见面呢。怎么样？结婚后小日子过得不错吧？

老大：反正结了婚每天过得忙忙碌碌的，多一个人多一个心思嘛。你呢，怎么样？

---

① 老大：大学里，同班或同宿舍的同学常按年龄大小排次序。

小四：还凑合。我大部分时间都待在公司里，连逛个街的时间都没有，加班更是常事儿，快累死了，哪有上学时舒服啊！

老大：怎么？你还一个人啊？天下的男人都瞎了眼吗？这么好的姑娘还单身，太浪费了吧？

小四：去你的，别拿我开心了！唉，说实话，这些事儿让我挺烦的。

老大：是不是你爱上什么人了？

小四：不是，人家追我的我看不上，我看上的人家都有女朋友或者结婚了，你说怎么办？

老大：你呀，就是眼光太高。咱们宿舍五个人除了你都谈上了。上学时你是我们班的班花，多少小伙子追你你连看也不看人家一眼。现在我估计也差不多，你这么挑来挑去不把自己挑老了？

小四：是啊，以前总觉得年龄还小，不急。现在也27了，很快就变成黄脸婆了，到时候嫁不出去你养着我好不好？

老大：你这个丫头，你以为这是开玩笑啊。几年的时间一晃就过去了。我劝你还是别太过分，挑花了眼回过头来后悔就晚了。

小四：唉，我就是看人家的男朋友比较成熟，有魅力，追我的都太嫩，怎么办？

老大：我可提醒你啊，千万别做傻事，真要当了第三者你可就痛苦了。

小四：我知道，跟你说着玩儿的。你别忘了，身边有什么好小伙子记着帮我留着啊！

老大：没问题，我早想把你打发出去了！

小四：哼，就知道你讨厌我！

（笑）

词语例释

眼光	观察判断事物的能力。如： ①他在选择艺术品方面很有眼光。②因为选女朋友时眼光太高，所以他三十多岁了还是单身。
班花	指一个班里最漂亮的女生。如： 她是我们班公认的班花。

| 黄脸婆 | 指脸色发黄、不再年轻的女人。如：
我老了，变成黄脸婆了。 |

| 嫩 (nèn) | 因为经历得比较少而经验不足。如：
虽然他很有能力，但毕竟太年轻，让他当经理还有点儿嫩。 |

| 打　　发 | 使离去。如：
① 他来找你借钱，我说你今天回不来，把他打发走了。
② 你已经变成老姑娘了，我得想办法早点儿把你打发出去。 |

表达拓展　　"责备"的表达法

本课中出现了一些"责备"的表达法。如：

1. 去你的，别拿……开心了

责备对方拿自己或与自己有关的事情开玩笑。一般用于关系较亲近的人之间。如课文中的句子：去你的，别拿我开心了！唉，说实话，这些事儿让我挺烦的。再如：A：王强，你的光头可真亮啊！B：去你的，别拿我的头开心了，上次理发理坏了，我干脆就理了个光头。

2. 你呀，就是……

责备对方某方面不好。如课文中的句子：你呀，就是眼光太高。再如：你呀，就是头脑太简单。你不会用脑子好好考虑一下这件事怎么办才好吗？

3. 你这个……（人、丫头、孩子等）

责备某人，可以单独用，也可在后面加上责备的方面。如课文中的句子：你这个丫头，你以为这是开玩笑啊。几年的时间一晃就过去了。再如：你这个孩子，怎么能这么说话呢？

4. 你以为这是开玩笑啊

责备对方拿应该严肃对待的事开玩笑。如课文中的句子：你以为这是开玩笑啊。几年的时间一晃就过去了。我劝你还是别太过分，挑花了眼回过头来后悔就晚了。再如：你以为这是开玩笑啊，你不认真检查电线，出了事故怎么办？

除此之外，汉语中还有很多"责备"的表达法。如：

1. 让我怎么说你才好呢

责备对方应该做的事情或容易做的事做得不好或不该犯的错误总是犯。

如：① 你怎么又马虎了？让我怎么说你才好呢？② 这么点儿事你都做不好，让我怎么说你才好呢？

2. 你没长手（/脚/耳朵/眼睛）啊，不会自己……？

责备对方自己可以做的事不做，非要让别人做。如：① 你自己没长手啊，不会自己拿衣服？干吗非得让我给你拿？② 你没长眼睛啊，不会自己好好看看？非得听别人胡说。

3. 你早干什么去了？

责怪对方事情发生后才想出办法或解释道歉或非常着急。如：考完试不及格才想起找老师，你早干什么去了？每天上课还用现在着急吗？

4. 你看我这事儿办的（/我这脑子）

自己责备自己事情办得不好或者因为脑子不好用而误事。如：① 我都答应小王一定帮她办成，结果没办成。你看我这事儿办的，让我怎么向小王交待啊！② 你看我这脑子，昨天本来想好要带着书，结果出来时还是忘了。

一、用正确的语气语调朗读下列句子

1. 怎么样？结婚后小日子过得不错吧？
2. 我大部分时间都待在公司里，连逛个街的时间都没有，加班更是常事儿，快累死了，哪有上学时舒服啊！
3. 怎么？你还一个人啊？天下的男人都瞎了眼吗？
4. 去你的，别拿我开心了！唉，说实话，这些事儿让我挺烦的。
5. 你这么挑来挑去不把自己挑老了？
6. 到时候嫁不出去你养着我好不好？
7. 你这个丫头，你以为这是开玩笑啊。
8. 我可提醒你啊，千万别做傻事，真要当了第三者你可就痛苦了。
9. 你别忘了，身边有什么好小伙子记着帮我留着啊！
10. 哼，就知道你讨厌我！

二、用课文中的词语或句型表达

1. A：你为什么只要一个孩子？我觉得两个孩子比较好。
   B：孩子多操心的事也会多，我不想太累。
   提示：多一个人多一个心思

2. 在公司里挨领导批评是经常发生的事情，你别难过。
   提示：常事儿

3. 你很有才能，为什么没有老板欣赏你、重用你？
   提示：天下的……都瞎了眼

4. 追她的小伙子太多，她看来看去也不知道到底哪个对自己更合适。
   提示：挑花了眼

5. 他的经验还不够，再过几年可能就会成为一名合格的生意人了。
   提示：嫩

6. 我说的不是真的，你别多心，只是想跟你开开玩笑而已。
   提示：跟你说着玩儿的

三、用"责备"的表达法完成对话或说说下列情景

1. 今天考试你今天早上才开始背单词，这怎么能来得及呢？

2. 我又把手表忘在家里了，唉，我的脑子好像坏了。

3. A：你帮我把包裹取回来吧！
   B：_____，我自己还有很多事要做呢。

4. A：妈，考试的时候我因为马虎错了两道题。
   B：唉，_____，怎么每次都马虎呢？

5. 说了你很多次你还改不了你的缺点，我都不知道再说什么了，真是的！

6. 你下次绝对不能开快车啊,这是必须严肃对待的事,否则会出危险的。

7. 我跟你是很多年的朋友了,我觉得你的缺点就是脾气太急。

8. A：看,看,看,你肯定有什么秘密,你的脸都红了。
   B：_____,我这是被风吹的。

四、思考与表演

1. 你觉得什么样的男人和女人不容易找到另一半?
2. 你觉得哪种恋爱是你不赞成的?
3. 编写一个情景并表演:一个男生爱上了一个女生,开始暗恋她,不敢表白。他的同屋们都劝他要勇敢,他终于鼓起勇气去向那个姑娘表白。

第六课

就业的路有多长

听力课文
◎ 一、找工作 ◎

词语例释

| 揣 (chuāi) | 藏在衣服里。如：
从老板手里接过钱，他赶紧揣进了衣服兜里。 |

| 沓 (dá) | 多用于重叠起来的纸张或其他较薄的东西。如：
我今天去买了两沓信纸。 |

| 补贴 | 从经济上帮助（多指对亲属或朋友）。如：
他失业以后，多亏有几个朋友经常从经济上补贴他。 |

| 白 | 没有效果。如：
我今天写了一天的论文，但忘了保存。唉！白打了！ |

| 碰壁 | 比喻遇到严重阻碍或受到拒绝，事情行不通。如：
找工作的时候千万不要害怕碰壁。 |

| 三天两头 | 经常、时常。如：
你不好好学习，三天两头往家跑什么？ |

一、听后判断

1. 张永强今年刚毕业。（　　）
2. 张永强现在靠打工来养活自己。（　　）
3. 张永强现在对自己的生活没有目标。（　　）
4. 张永强现在还没有女朋友。（　　）
5. 现在的学生大学毕业后失业的很多。（　　）

二、听后选择

1. 下面哪个方面不是张永强的情况？（　　）
   A. 他的老家在甘肃　　　　B. 他把档案放在了学校
   C. 他是大学毕业生　　　　D. 他毕业两年了

2. 张永强没做过什么工作？（　　）
   A. 药品推销员　　　　　　B. 保险推销员
   C. 家教　　　　　　　　　D. 教师

3. 根据课文，城市里的失业年轻人的学历不包括下面哪个？（　　）
   A. 小学　　　B. 初中　　　C. 高中　　　D. 大学

三、听后回答

1. 张永强是一种什么情况？
   提示：失业青年　连……也比不上

2. 张永强毕业以后找工作很难吗？有多难？
   提示：比如　最困难的时候　连嘴都喂不饱

3. 张永强现在的感觉是什么样的？
   提示：焦虑　白上大学　白花家里的钱

4. 张永强的处境怎么样？
   提示：东游西逛　无依无靠　到处碰壁

5. 张永强现在对未来的打算是什么？
   提示：别想了　就连……　都不知明天的日子该怎么过下去

四、听后思考
1. 张永强找不到工作的原因是什么？
2. 你觉得大学教育应该怎么改革才能提高大学生的就业率？

◎二、青年就业状况◎

词语例释

| 抽　样 | 从大量物品或材料中抽取少数做样品。也叫"取样"。如：这种随机抽样的方式，虽然不能说明整体的情况，但至少反映了一定的问题。 |

| 缺　乏 | （所需要的、想要的或一般应有的事物）没有或不够。如：由于缺乏经验，这件事让他办砸了。 |

| 踏 | 踩。比喻进入（社会或工作岗位等）。如：自从踏入社会以来，他一直按照大学时的思维来处理问题，所以失败多，成功少。 |

| 优　势 | 能压倒对方的有利形势。如：在发展经济上，东部地区比西部地区有优势。 |

| 自　主 | 自己做主。如：现代社会强调婚姻自主。 |

一、听后判断

1. 在2005年以前没有搞过青年就业状况调查。（   ）
2. 这次调查是由三个部门联合进行的。（   ）
3. 中国每年新增劳动人口中青年人口为1600万左右。（   ）
4. 目前国家的人力资源市场没有障碍。（   ）
5. 大学毕业生都找到了工作。（   ）
6. 现在大学生找工作的条件非常好。（   ）

二、听后选择

1. 下面哪个城市在这次调查中没有被选取？（   ）
   A. 长沙　　　B. 柳州　　　C. 大连　　　D. 上海

2. 报告中调查了多少个企业？（   ）
   A. 7000　　　B. 780　　　C. 220　　　D. 1600

3. 中国每年新增青年劳动人口大概有多少？（   ）
   A. 2000万　　　　　　　B. 7000万
   C. 1600万　　　　　　　D. 220万

4. 大学生毕业以后找不到工作的主要原因是什么？（   ）
   A. 中国每年新增人口很多　　B. 青年缺乏工作经验
   C. 劳动力市场供大于求　　　D. 社会不关心他们

三、听后回答

1. 这次青年就业状况调查的情况如何？
   提示：采取　选取　调查对象

2. 青年失业率高的原因是什么？
   提示：缺乏　竞争力不强　供大于求　越发

3. 人力资源市场对大学生就业有帮助吗？
   提示：障碍　限制

4. 大学生创业有什么好处？
   提示：自主创业　不但　而且

四、听后思考
1. 大学生就业难的原因是什么？
2. 怎么来解决大学生就业难的问题？

叙述性口语课文

◎寻找一片属于自己的天空◎

王宇，女，25岁，公司秘书

我是学社会学的，属于冷门专业。我还有一个弱点：不是什么名牌大学的学生，所以，一些高门槛的职位连想都不敢想。大四快毕业的时候，我曾经很迷茫，不知从哪儿下手。每当在招聘启事中看见不错的职位，我就会连忙把简历投过去，可是往往是石沉大海。后来，我意识到与其这样"病急乱投医"，不如先分析一下自己的性格特征、综合实力，为自己作一次职业定位。经过分析，我觉得自己比较适合干文秘这类的工作。现在我干这一行已经有两年了，我发现这个工作其实挺适合我的。

李正，男，22岁，大四学生

我从大二开始就参加各种各样的技能培训和考试，现在我手里有三个证书。虽然有些人说证书只是一张纸，不一定能证明有能力，可是我们不是一流大学的学生，很多用人单位一看校名就把我们的简历搁在一边，连看都不看一眼，多几个证书也能给自己增加点儿分量。当然，像我们有些同学为了考证经常逃课，这就是捡了芝麻丢了西瓜，成绩不好，将来找工作就更没指望了。所以我还是要在学好功课的同时多考几个证书，有备无患嘛。

田女士，63岁，退休职员

我女儿大学毕业后一直待在家里。亲戚朋友也曾经介绍过几个工作，但她没干多久就因为各种原因辞掉了。活儿轻松的，她嫌赚不了多少钱；活儿累的，她又不想吃苦；服务性的，她觉得拉不下面子来，最后干脆在家待着，什么也不干了。我们夫妻每个月有2000多块退休金，退休后本来想舒服几年，但现在为了孩子，还要出去找活儿干。我们俩愁得都不知说什么好了。你说女儿整天这么混着也不是个事儿。再说，等我们老了，干不动了，她靠谁去？

王建，男，36岁，IT职业者

我大学里学的就是计算机专业，这些年搞电脑的很吃香，我的身价也就跟着高了起来。前几年，我一边在一家电脑公司里搞软件开发，一边在另外几家公司兼职，钱没少赚，基本属于花钱不用考虑的那一类。可是，干了几年，挺没成就感的，总不能当一辈子职员吧？所以，这家公司新成立的时候就跳槽过来了。现在我是技术副总，虽然还负责技术这一块，但是好歹管理着一个团队，也算在事业上前进了一步吧。

钱飞，女，28岁，个体经营者

现在女的找工作挺困难的。大学毕业时和男同学一起跑人才交流会，人家招聘单位一看我是女的，连简历都不接，当时的感觉真是郁闷极了。毕业后断断续续在几家公司干过，公司里人际关系紧张，工作节奏又快，钱还没多少，所以我一咬牙，索性自己创业。虽然自己干挺累的，但每天风风火火地为自己的事业忙活，觉得挺有价值。告诉你个秘密，干了不到三年，我的个人资产已经接近六位数了。这也算是勤劳致富吧。

李济福，男，45岁，某公司人力资源部部长

我当人力资源部部长已经五年了。这五年来，接触过很多求职的人。我觉得现在的年轻人在找工作时有些不正确的想法，要么觉得自己的大学名气大或者专业成绩不错就一定能找到理想的工作，要么觉得大学生已经是人才了，去单位人家就应该高薪等着，笑脸迎着。其实对公司来说，有时踏踏实实的态度比大学名气什么的都重要。大学里学的那点儿东西在实际工作中根本不够用，每个人都应该做好从零开始的准备，这样才能给主考官留下好印象，才能顺利通过面试，获得满意的职位。

词语例释

| 冷　门 | 比喻很少有人选择的、不时兴的专业、工作等，反义词是"热门"。如：
现在考大学时，大部分人都愿意报计算机、法律、会计等热门专业，而很少有人愿意报海洋、气象等冷门专业。 |

| 门槛 (kǎn) | 门框下部挨着地面的横木（也有用石头等做的），比喻进入某地、某部门或某个家庭等的条件。如：
你们单位门槛儿很高，一般人进不去。 |

| 石沉大海 | 像石头掉到大海里一样，不见踪影，比喻始终没有消息。如：
他这一出国，简直就是石沉大海，一点消息也没有了。 |

| 定　位 | 确定人或事物的地位并进行一定的评价。如：
每个人在社会中都应该合理地定位。 |

| 搁 (gē) | 放。如：
用完了的东西不能随便乱搁，应该搁回原处。 |

| 捡了芝麻
丢了西瓜 | 比喻抓住了次要的东西，而放弃了主要的东西。如：
口语课最重要的是练习说话，而你却在那儿写汉字，真是"捡了芝麻丢了西瓜"！让我说你什么好呢？ |

| 指　望 | 一心期待；盼望。也可以作名词，指期待的事情，即盼头。如：
① 我还指望儿子养我呢！现在看来够呛了！② 这样的苦日子，真没指望了。 |

| 有备无患 | 事先有准备就可以避免祸患。如：
我们做这么多，你别觉得没什么用，这是有备无患。万一台风来了，我们可以从容地应对。 |

| 混 (hùn) | 没有目的地随便过日子。如：
你还年轻，怎么整天混日子呢？以后也这么混下去吗？ |

| 兼　职 | 在本职之外兼任的职务或从事的工作。如：
这位教授在别的地方找了一份兼职。 |

跳槽	主动离开原来的工作单位到别的单位工作。如： 现在很多年轻人只要工作不满意就马上跳槽。
好歹	不管怎样；无论如何。如： 你别这么没风度，好歹他是你的领导啊！
索性	直截了当；干脆。如： 既然已经开始干了，那就索性把它干完吧，别干了一半就停下了。
资产	财产。如： 他的公司开张不到一年，资产就达到了一百万。
求职	找工作。如： 今天的招聘会上，来求职的人很多。
主考官	主持考试的人。如： 今天考试的时候，主考官很严肃，我非常紧张。
面试	通过面谈的方式考试。如： 昨天的笔试已经通过了，不知今天的面试会怎么样。

一、用课文中的词语说说下列情景

1. 我今天要做的事情太多了，都不知道先做哪件了。
   提示：从哪儿下手

2. 他现在找不到解决问题的办法，见到人就问。
   提示：病急乱投医

3. 爸爸生儿子的气，回家后根本不看儿子。
   提示：连看都不看一眼

4. 他为了和网友见上一面,把工作都辞了。大家都觉得不值得。
   提示:捡了芝麻丢了西瓜

5. 他是长辈,可今天竟然要向晚辈说"对不起",他觉得面子上过不去。
   提示:拉不下面子来

6. 真是年龄不饶人啊,以前很轻松就干了的事情,现在不能干了。
   提示:干不动

7. 这个演员演一场戏要很多出场费。
   提示:身价很高

8. 这个项目没通过,你们要再准备一下。
   提示:做好从零开始的准备

二、用课文中的句型表达

1. ……也不是个事儿。再说,……

   例句:你说女儿整天这么混着也不是个事儿。再说,等我们老了,干不动了,她靠谁去?

   (1) 你整天挑来挑去的,不太好。何况,年龄越来越大,好的小伙子早没了。

   (2) 你每天不吃晚饭,只吃点儿饼干不行啊。而且你的身体本来就不太好。

2. 虽然……,但是好歹……

   例句:现在我是技术副总,虽然还负责技术这一块,但是好歹管理着一个团队,也算在事业上前进了一步吧。

   (1) 这个工作挣钱是不多,但不管怎么样还是个固定的职业,比没有工作的人强多了。

   (2) 这套房子比不上别墅,但不管怎么样,是我和丈夫辛辛苦苦买下的,比买不起房子的人强多了。

3. 一咬牙，索性……

　　例句：所以我一咬牙，索性自己创业。

　　(1) 虽然这个工作比较轻松，但要看人的脸色，所以我下决心辞职，自己干。

　　(2) 他炒股票赔了，但还想继续炒，所以狠了狠心，干脆借了点儿钱又买了一笔。

4. 要么……要么……

　　例句：我觉得现在的年轻人在找工作时有些不正确的想法，要么觉得自己的大学名气大或者专业成绩不错就一定能找到理想的工作，要么觉得大学生已经是人才了，去单位人家应该高薪等着，笑脸迎着。

　　(1) 你毕业后只有两种选择：或者去公司，或者去高校。

　　(2) 这件事你做也行，他做也行，不过一定要有一个人来做。

三、思考与调查

1. 请你说一说你找工作的标准。
2. 请你去调查一个和你年龄差不多的中国人，看看他找工作的标准和你有什么不同。
3. 你赞成不赞成大学生考证？为什么？

对话性口语课文

◎ "4050" 就 业 ◎

孙彩霞：老王，好久不见了，你忙什么呢？
王　辉：唉！忙着找工作啊！我没有你那么有福气啊，下岗也有老公养着。我们家那口子挣那点儿钱够干什么呀？上有老，下有小，都等着花钱！

孙彩霞：别提了，我现在整天走路都低着头。虽然我丈夫没说什么，但我自己面子上过不去啊。我也想找份工作干干。哎，好找吗？

王　辉：好找什么呀！我跑了一个多月了，也没找到。

孙彩霞：是不是嫌我们年龄大了？

王　辉：年龄是一方面，另一方面是我们也没有什么特长。比起年轻人来，差远了！

孙彩霞：唉！我们这样的"4050"现在找工作太难了！对了，你见过我们以前的老车间主任吗？我前几天看见她在百货商场门口卖冷饮呢！

王　辉：是吗？她那么要强的一个人，能抹开面子干这个？

孙彩霞：我问过她，她说开始也是不敢见熟人，也不敢吆喝。现在想通了，不偷不抢，靠自己的劳动吃饭，有什么丢人的，所以也就放开了。

王　辉：你还别说，既然车间主任都自谋职业了，我们怕什么，多跑几个单位，兴许能碰上需要人的呢。

孙彩霞：对呀，我也这么想。我今天刚从报纸上看到，市劳动保障部门联合了很多企业，今天在报社大厅举行大型招聘会。其中有些专为我们"4050"人员准备的岗位。不知是不是真的。

王　辉：不管怎么样，先去看看再说吧！

孙彩霞：要是人家看不上咱们，不给咱们好脸儿，怎么办？

王　辉：别想那么多，脸皮要厚一点儿，不管别人怎么看你，你自己都要看得起自己。

孙彩霞：我这个人就是脸皮薄，自己对自己没有信心。

王　辉：没事，我给你打气！有什么了不起的，不就是碰碰钉子吗？走吧，别磨蹭了，省得去晚了。

孙彩霞：那好吧，咱们走！

词语例释

嫌	厌恶；不满意。如： 大家都嫌这个服务员态度不好。
抹（mò）不开	脸上下不来；不好意思。如： 卖冷饮又不是去偷去抢，有什么抹不开的？

第六课 就业的路有多长

吆喝	大声喊叫（多指叫卖东西、赶牲口、呼唤等）。如： 卖东西必须要吆喝，要不哪儿能卖出去啊？
脸皮薄	容易害羞，不好意思，相反的说法是"脸皮厚"。如： 这个姑娘脸皮太薄，以后要学着脸皮厚点儿啊！
打气	鼓动；鼓励。如： 我给你打打气，你一定行的！加油吧！
碰钉子	比喻遭到拒绝或受到斥责。如： 昨天我去请人家到我家喝酒，结果碰了个大钉子。真恼火！
磨蹭	比喻做事情动作迟缓。如： 你真能磨蹭，快点儿吧，要迟到了！
省得	不使发生某种（不好的）情况；免得。如： 你出去旅游要带点儿药，省得感冒了找不到药，干着急。

表达拓展　"鼓励"的表达法

本课中出现了一些"鼓励"的表达法。如：

1. 不管别人怎么看你，你自己都要看得起自己

让对方鼓起勇气做事，不要因为别人的议论或看法就不好意思去做。如课文中的句子：脸皮要厚一点儿，不管别人怎么看你，你自己都要看得起自己。

2. A 给 B 打气

用来鼓励要做事而没有信心的人。如课文中的句子：没事，我给你打气！有什么了不起的，不就是碰碰钉子吗？

除此之外，汉语中还有很多"鼓励"的表达法。如：

1. 不干（/试……）怎么知道自己不行呢？

鼓励别人要有自信，相信自己一定能行。如：① 你不试一下，怎么知道自己不行呢？勇敢点儿，报名吧！② 你的水平一点儿也不比他差，你不试一下，怎么知道自己不行呢？成绩无所谓，重在参与嘛！

2. 你放手去干吧，出了问题也不怪你（/我兜着）

鼓励对方不要担心失败的后果，放心大胆地去做就行。如：① 放手去干吧，出了问题也不怪你，有我呢！你放下包袱好好干就行了！② 你不要考虑那么多，你放手去干吧，出了问题我兜着！

3. 世上无难事，只要肯登攀 (/只怕有心人)

意思是只要努力（或用心），世界上就没有困难的事。类似的话还有"有志者事竟成""只要功夫深，铁杵磨成针"等。如：你千万不要害怕困难，中国不是有句话叫做"世上无难事，只要肯登攀"吗？你只要愿意努力，没有克服不了的困难！

4. 从哪儿跌倒了就从哪儿爬起来

在对方失败或者犯了错误以后没有信心时，鼓励他振作起来，重新开始。如：① 别灰心，失败了怕什么，从哪儿跌倒了就从哪儿爬起来！下一次肯定行的！② 人哪儿有不犯错误的？从哪儿跌倒了就从哪儿爬起来，自己证明自己还是好汉！

一、用正确的语气语调朗读下列句子

1. 我们家那口子挣那点儿钱够干什么呀？
2. 上有老，下有小，都等着花钱！
3. 比起年轻人来，差远了！
4. 她那么要强的一个人，能抹开面子干这个？
5. 要是人家看不上咱们，不给咱们好脸儿，怎么办？
6. 脸皮要厚一点儿，不管别人怎么看你，你自己都要看得起自己。
7. 没事，我给你打气！有什么了不起的，不就是碰碰钉子吗？
8. 走吧，别磨蹭了，省得去晚了。

二、用课文中的词语表达

1. 我的经济负担很重，全家人都等着花钱。

   提示：上有老，下有小

2. 下岗后我觉得很丢人。
   提示：低着头走路

3. 他干什么事情都不肯落在别人后面。
   提示：要强

4. 靠自己的双手挣钱，有什么不好意思的？
   提示：抹不开面子

5. 他经常对手下的人态度不好。
   提示：不给好脸儿

6. 小王做事特别慢。
   提示：磨蹭

三、用"鼓励"的表达法完成对话或说说下列情景

1. 你的朋友想当服务员，但又怕别人瞧不起，所以很苦恼，你怎么鼓励她？

2. 你的朋友想参加汉语水平考试，但没有信心，你怎么鼓励他？

3. 小王代表全班同学参加比赛，很紧张，一直担心自己万一失败了，让全班同学也都丢脸。你是他的老师，你会怎么对他说？

4. 小王真的失败了，回来以后心情一直不好，你会怎么鼓励他？

5. A：明天就要比赛了，我真担心！
   B：＿＿＿＿＿＿＿＿＿＿＿＿＿＿，加油！

四、思考与表演

　　1. 你觉得为什么"4050"的人不容易找到工作？

　　2. 你们国家下岗再就业的情况如何？

　　3. 小表演：

　　编写一个情景：一个下岗的中年妇女要到一家公司找工作，她没有勇气。应聘的前一天晚上吃饭的时候，她的家人都鼓励她。

第七课

悠着点儿，别累着

听力课文
◎ 一、长假前夜 ◎

词语例释

无奈 (nài)	没有办法的样子。如： 他无奈地对我说："这件事我帮不了你。"
凌 (líng) 晨	从零点起到天亮前的一段时间。如： 我昨天晚上又开夜车了，接近凌晨一点才睡觉。
毫无力气	一点儿力气也没有。如： 我发烧了，身上毫无力气。
工作狂	只知道拼命工作的人。如： 丈夫是个工作狂，周末也不休息。
稳固	安稳牢固。如： 他们的感情很稳固。
拼搏	用尽全力夺取。如： 她通过努力拼搏取得了比赛的冠军。
别墅 (shù)	在风景区或在郊区建造的用来休养的园林式住所。如： 他拥有一套豪华别墅。

| 忙 碌 | 忙着做事，没有空闲，也常说"忙忙碌碌"。如：他每天都忙忙碌碌的。 |

| 麻 木 | 失去知觉，也比喻感觉不灵敏，反应迟钝。如：① 我站的时间太长了，腿有点儿麻木。② 她失恋之后，对感情方面的事麻木了。 |

| 空落(luò)落 | 心里空空的样子。如：① 孩子都去外地上大学了，我心里空落落的。② 我和男朋友分手以后心里感到空落落的。 |

| 猛(měng)然 | 突然、忽然。如：有一天梳头的时候猛然发现自己已经有了不少白发。 |

| 匆 忙 | 急忙。如：他接到一个电话以后就匆忙离开了公司。 |

| 刹(shā)车 | 用闸等使车停住，有时比喻正在进行的工作停下来。如：① A：前面危险，快点儿刹车。B：我的闸坏了，车刹不住了。② 这项工程因为质量问题要紧急刹车。 |

练习

一、听后判断

1. 下班以后说话人看到同事离开的样子很开心。　　　　（　　）
2. 说话人今天晚上必须加班把生产计划发给总经理。　　（　　）
3. 说话人今天晚上没有应酬，所以回家很早。　　　　　（　　）
4. 说话人回家以后很累，想睡觉却怎么也睡不着。　　　（　　）
5. 说话人的妻子在身边陪着他，他们很相爱，很幸福。　（　　）
6. 说话人的婚姻非常稳固，生活很好，有别墅有汽车。　（　　）

二、听后选择

1. 说话人的身份是什么？（　　）
   　　A. 一般职员　　B. 经理　　　C. 总经理　　　D. 部长

第七课　悠着点儿，别累着

2. 说话人大概几点离开公司的？（　　）
   A. 六点　　　　B. 凌晨　　　　C. 接近凌晨　　　D. 九点

3. 说话人现在和妻子关系怎么样？（　　）
   A. 非常相爱　　　　　　　　B. 每天陪在身边
   C. 很幸福　　　　　　　　　D. 不在一起生活

4. 下面哪一项不是妻子离开说话人的原因？（　　）
   A. 他是总经理　　　　　　　B. 他总是忙于应酬
   C. 他拥有别墅、汽车　　　　D. 他是个工作狂

5. 下面哪一项不表示长假前夜说话人的心情？（　　）
   A. 空落落的　　B. 无奈　　　　C. 开心　　　　D. 麻木

三、听后回答

1. 下班以后同事们怎么样？
   提示：纷纷　欢快

2. 看到同事们下班，说话人心情怎么样？
   提示：羡慕　喘口气

3. 说话人今天晚上必须干什么？
   提示：身为……

4. 整理完计划，说话人做了什么？
   提示：松了一口气　懒腰

5. 回家之后，说话人怎么样？
   提示：毫无力气　入睡

6. 妻子为什么说说话人是工作狂、机器人？
   提示：忙碌　应酬

7. 说话人为什么而拼搏奋斗？
   提示：物质基础　拥有

8. 这个长假说话人感到怎么样？
   提示：空落落　猛然

四、听后思考
   1. 为什么说话人在长假前夜渴望工作？
   2. 你赞成不赞成说话人的婚姻观？为什么？

◎二、疲劳，不可忽视的亚健康◎

词语例释

危害	使危险或受到损害。如： 吸烟危害身体的健康。
睡眠	睡觉。如： ① 我最近睡眠不足，身体很累。② 睡眠太多不好。
缓解	痛苦、疾病、疲劳、压力等减轻。如： ① 新修的这条路缓解了交通压力。② 怎样才能缓解你失恋的痛苦呢？
尽情	尽量抒发情感，不受约束。如： 考完试以后我们要尽情地玩一玩。
调整	根据情况做出变动。如： ① 作息时间表需要调整一下。② 这个计划因为时间关系需要调整一下。
劳逸结合	劳动与休息相结合。如： 即使工作再忙也要注意劳逸结合。

第七课　悠着点儿，别累着

一、听后判断

1. 由于竞争激烈，人们工作和生活的节奏都加快了，所以人们容易发生疲劳的现象。（　　）

2. 专家指出，脑力疲劳危害人类健康，但不是导致亚健康的重要因素。（　　）

3. 长期疲劳可以使人得病，但不会导致死亡，所以不用担心。（　　）

4. 人们应该在工作之余多参加活动，锻炼身体，而且要保证睡眠充足。（　　）

5. 周末人们应该强迫自己不工作，而是和家人朋友一起娱乐一下。（　　）

二、听后选择

1. 下面哪一项不是当今社会的表现？（　　）
   A. 信息万变　　　　　　B. 工作节奏不快
   C. 知识爆炸的时代　　　D. 竞争激烈

2. 疲劳是导致哪种现象的不可忽视的重要因素？（　　）
   A. 紧张　　　　　　　　B. 死亡
   C. 亚健康　　　　　　　D. 健康

3. 下面哪一项不能减轻疲劳？（　　）
   A. 生活规律　　　　　　B. 体育锻炼
   C. 充足睡眠　　　　　　D. 连续工作

4. 下面哪一项是调节工作与休息的？（　　）
   A. 周末放下手中的工作　B. 每天与朋友娱乐
   C. 天天紧张学习　　　　D. 享受生活，不工作

5. 哪种人不容易脑力疲劳？（　　）
   A. 事业心强的人　　　　B. 科技工作者
   C. 劳逸结合的人　　　　D. 工作狂

三、听后回答

1. 为什么现在疲劳容易产生？

   提示：爆炸 激烈

2. 疲劳是怎样危害人类健康的？

   提示：导致

3. 怎样消除疲劳？

   提示：工作之余

4. 在连续工作一星期之后，人们最好怎样休息？

   提示：强迫 放下

5. 哪一类人应特别注意避免疲劳？

   提示：事业心强

四、听后思考

1. 你认为什么状态是亚健康状态？
2. 当你感到疲劳时，你会怎么做？

叙述性口语课文

◎不会休息，就不会工作◎

俗话说"不会休息，就不会工作"，人们应该如何在工作和休息中找一个平衡点呢？不同的人有不同的理解和做法。

林高峰，男，18岁，高中生

高考渐渐临近，时间对我们来说越来越宝贵，班里的学习空气也越来越紧张，繁重的功课压得我们喘不过气来。可是我知道越是在关键时刻，身体越重要，要是身体垮了，我们就没法坚持到最后，所以无论功课有多紧，我也会坚持每天中午睡上一个小时，下午再拿出半个小时来锻炼锻炼身体，这样就可以保证我有充沛的精力学习，也可以提高学习效率。

张丽丽，女，28岁，白领

我在上海一家外企工作，因为工作环境好，薪水高，人们往往把我们这些人称为"白领"，说我们捧着金饭碗。可是白领的辛苦谁知道呢？平时除了紧张繁忙的工作之外还要不断"充电"学习，有时真忙得连谈恋爱的空儿都没有。可是我觉得无论干什么工作最终都是为了更好地生活，所以我一般都会利用休假时间出去走走转转，让自己的神经放松一下。

王黎明，男，35岁，自由撰稿人

我曾经是一名记者，在一家报社干了十几年，开始我对这一行很感兴趣，但做记者常常要跑来跑去，一天到晚忙得团团转，根本没有多少自由的空间，所以索性就辞了职，在家里当起了自由撰稿人。我定期或不定期地为各大报纸杂志写稿，偶尔也出一两本书，收入也不错。选择做自由职业者，有利也有弊，可是时间完全由我自己支配，干累了我就给自己放假，还可以按照自己的兴趣做一些喜欢的事情。所以我基本属于在工作中休息，在休息中工作的人。

刘英华，女，45岁，老板

我本来是家庭妇女，相夫教子挺舒服的。可是生活太清闲也难受，所以我从十年前开始做起了服装生意，没想到生意越做越大，竟然开了两家服装厂，连在机关工作的丈夫也辞职跟我干了起来。朋友们都羡慕我们说"夫妻店"的生意越做越红火了，我听了心里美滋滋的。可是生意好归好，其中的辛苦也可想而知，每天累得要死要活的不说，还要应付各种繁杂的事情。有时候真想好好歇歇，可是又要休息好，又要赚钱，天下哪儿有这样的好事啊！我还得打起精神接着忙下去。

张力年，男，58岁，局长

我在税务局当了半辈子局长，也忙碌了半辈子，再过两年就退休了。很多人说老人在退休之后会有"退休综合症"，忙惯了闲下来难受，可是我早就想

清闲清闲了。现在每天要上班开会，还要应付各种人际关系，有时候真挺头疼的。人啊，不能总是工作工作的，所以我盼望自己快点儿退休，一来可以趁着身体好到处去转转，玩儿玩儿，二来趁着脑子好用学学国画、书法什么的，为自己的晚年生活做点儿准备。

词语例释

平衡点	使对立的各方面在数量或质量上相等或相抵的位置。如：现在人们收入的差别很大，怎样才能找到一个平衡点呢？
临近	空间上、时间上接近。如：临近毕业，学生们都为工作的事情忙碌。
垮（kuǎ）	原指倒塌，在这里指身体不好。如：身体要是垮了干什么都不行。
金饭碗	既有钱又稳定的工作。如：现在想找一个金饭碗真难啊！
撰（zhuàn）稿人	给杂志、报纸等写稿子的人。如：我不是记者，也不是编辑，而是一个自由撰稿人，我有自己的工作，经常利用业余时间写点儿东西。
相（xiàng）夫教子	女人在家里照顾丈夫，教育孩子。如：我不想工作，只想在家里做一个全职太太，相夫教子。
美滋（zī）滋	形容心里高兴而在脸上表现出很得意的样子。如：他考了第一名，所以心里美滋滋的。
可想而知	通过想象可以知道。如：他们俩有矛盾，这件事你告诉他，可想而知他会多么生气。
退休综合症	老人退休之后产生的生理或心理的疾病。如：很多老年人退休之后患上了退休综合症。

一、用课文中的词语表达

1. 董事长,你必须坚持住,如果你倒下去了,我们公司可怎么办?
   提示:垮了

2. 你看你这个工作多舒服,既有钱又轻松,还不用担心下岗。
   提示:捧着金饭碗

3. 我打算下半年报个电脑学习班,也学习学习,否则就跟不上时代了。
   提示:充电

4. 既然你们已经没有感情了,住在一起天天吵架也没意思,干脆离婚算了。
   提示:索性

5. 中学生上网有好处也有坏处。
   提示:有利也有弊

6. 我大学毕业以后工作了两年就结婚了,婚后就辞职在家里专门做家务,照顾家人。
   提示:相夫教子

7. 别人都说我的儿子又聪明又善良,我听了之后心里很高兴。
   提示:美滋滋的

8. 这件事如果处理不好后果会非常严重。
   提示:可想而知

9. 公司为了这批货让我们每天加班加点,大家都快累死了。
   提示:要死要活的

二、用课文中的句型表达

1. 无论……多……，也……

   例句：无论多难的数学题，他也能做出来，我真佩服他。

   (1) 晚上爸爸下班回来很累，但是他还是要给我辅导功课。

   (2) 我知道解决这件事情很困难，但是我们一定要解决。

2. ……归……，可是……

   例句：我们朋友归朋友，借的钱是一定要还的。

   (1) 虽然我很喜欢她，但并不等于我一定要和她结婚。

   (2) 我们在一起玩儿得很高兴，但是别忘了明天还要考试呢！

3. ……不说，还……

   例句：我妹妹是个记者，她每天外出采访很辛苦不说，回家还要照顾两个双胞胎孩子。

   (1) 这件事你做错了，可是你竟然把责任推到别人身上。

   (2) 这个计划有很多问题，而且需要很多资金，公司不可能拿出这么多钱来支持这个项目。

4. 一来……，二来……

   例句：我想在中国多住几年，一来可以使我的汉语更熟练，二来可以到中国很多地方旅游。

   (1) 他大学期间一直在一家大公司实习，不仅锻炼了能力，而且增长了很多见识。

   (2) 老年人应该多出来活动活动，这样既可以锻炼身体，又可以认识很多朋友。

三、思考与调查

1. 你怎么理解"不会休息就不会工作"？你怎么看待二者的关系？
2. 你是怎样调节你的工作、学习和生活的？
3. 请调查几个从事不同工作的中国人，了解一下他们工作和休息的情况，并谈一下他们对这一问题的看法。

对话性口语课文

◎ 再忙也要谈恋爱 ◎

张新毅和李丽玲两个人以前是同事，好久没见了，这一次在朋友的婚礼上见了面，两个人聊了起来。

张新毅：李姐，咱俩可是有好一段日子没见了，最近在忙什么呢？

李丽玲：我还是老样子，在单位里瞎混呗！倒是因为家里添了个孩子每天为他忙得团团转。

张新毅：哎呀，几天不见当妈妈了！生了个儿子还是千金？

李丽玲：是个大胖小子，长得跟他爸一模一样。

张新毅：恭喜你喜得贵子啊！真羡慕你，不知道我什么时候也有这一天啊！

李丽玲：早晚都会有这一天的！对了，你跳槽以后干得怎么样？听说那家公司的待遇挺好的。

张新毅：待遇倒是不错，就是压力大，累，经常出差，有时一个星期要跑好几个地方。

李丽玲：那可是够辛苦的！我看你好像是比以前瘦多了。

张新毅：可不是，都瘦了十几斤了。再这么瘦下去，我就成竹竿儿了。

李丽玲：可不能再累了，否则会累出毛病的。身体是革命的本钱，你可得注意着点儿啊！

张新毅：是啊，我也觉得身体不如前几年了。可是想锻炼锻炼也没空儿，整天不知道瞎忙些什么。说句玩笑话，我现在忙得连谈恋爱的时间都没有。

李丽玲：你不说我还忘了问你，你还没结婚吗？

张新毅：可不是，光忙着工作了，哪有精力见什么姑娘啊！
李丽玲：忙也不能忙成这样！再忙也要拿出点儿时间考虑一下婚姻大事！一晃变成大龄青年就不好找了。
张新毅：我也知道，可是我现在整天东跑西颠的，安定不下来，连认识姑娘的机会也没有。
李丽玲：这件事包在我身上吧！到时候你可一定要抽出时间来见面啊！
张新毅：那我先提前谢谢你了。
李丽玲：谢什么呀，我也希望早点儿吃上你的喜糖！你可别一忙就把我们说的事忘到脑后去啊！
张新毅：你放心吧，我也知道该把工作稍微放一放了，先娶上媳妇再说。那我先走了，公司里还有个会呢。
李丽玲：快忙你的去吧！（自言自语）唉，真可怜啊！看来，还是我的工作清闲！钱少点儿就少点儿吧，我可不想把身体累坏了。

词语例释

千金	敬称，称别人的女儿。如： 听说小李生了个千金，高兴得不得了。
大胖小子	指男孩儿。如： 看看这个大胖小子，多可爱！
竹竿（gān）儿	形容人瘦的样子。如： 你看你最近瘦得跟竹竿儿似的。
身体是革命的本钱	用来说明身体很重要。如： 妈妈让我注意身体，多锻炼，经常说"身体是革命的本钱"。
一晃（huǎng）	形容时间在不知不觉中很快过去了。如： 我来中国一晃都三年了。
东跑西颠（diān）	到处跑来跑去，不固定。如： 他在销售科工作，为了业务经常东跑西颠的。

| 忘到脑后 | 完全忘了。如：
丈夫特别喜欢打麻将，一玩起来什么都忘到脑后去了。 |

表达拓展　"祝贺"的表达法

本课中出现了"恭喜你喜得贵子"的说法，是祝贺对方生儿子的意思。在日常生活中，每逢节日或喜事，人们总会向亲朋好友表达祝贺。关于祝贺还有其他一些固定的表达方式。如：

1. 喜结良缘

祝贺结婚的说法。如：今天是你们大喜的日子，祝贺你们喜结良缘！

2. 喜得千金

祝贺生了女孩儿。如：王姐，恭喜你喜得千金！女儿好啊，将来会心疼父母！

3. 福如东海，寿比南山

祝贺老人的生日。如：奶奶，今天是您八十大寿，这是给您的长寿面，祝您福如东海，寿比南山！

4. 乔迁之喜

祝贺搬新家。如：听说你搬家了，祝贺你的乔迁之喜啊！我们什么时候到你的新家去看看呀？

5. 高升

祝贺升职的说法。如：张局长，祝贺你高升了！以后还请多多关照！

6. 开业大吉

祝贺新开业。如：张经理，祝贺你们酒店开业大吉，希望你们的生意越做越红火！

7. 祝贺你（/你家）双喜临门

祝贺别人同时遇到两件喜事。如：老张，听说今年你儿子考上清华大学了，女儿也结婚了，真是双喜临门啊！

练习

一、用正确的语气语调朗读下列句子

1. 咱俩可是有好一段日子没见了！
2. 我还是老样子，在单位里瞎混呗！

3. 哎呀，几天不见当妈妈了！
4. 是个大胖小子，长得跟他爸一模一样。
5. 身体是革命的本钱，你可得注意着点儿啊！
6. 忙也不能忙成这样！再忙也要拿出点儿时间考虑一下婚姻大事！
7. 这件事包在我身上吧！
8. 你可别一忙就把我们说的事忘到脑后去啊！

二、用课文中的词语或句型表达

1. 我们公司没什么发展前途，我在单位也是过一天算一天。
   提示：瞎混

2. 你每天熬夜，这可不行，身体熬坏了怎么工作？快点儿休息休息吧！
   提示：身体是革命的本钱

3. 你说你忙，但也不能连打个电话的时间都没有啊？
   提示：忙也不能忙成这样

4. 才几年没见，这孩子已经长这么大了。
   提示：一晃

5. 当记者每天要外出采访，累死了。
   提示：东跑西颠

6. 你儿子的事情别担心，我会帮你的，你等着好消息吧！
   提示：包在我身上

7. 这件事你先别着急，过一段日子再说吧！
   提示：放一放

8. 这双鞋有点儿小，但是没关系，穿穿就大了。
   提示：A 就 A 点儿

三、用"祝贺"的表达法说说下列情景

    1. 听说刘老师生了个女儿，你怎么向他表示祝贺？

    2. 你的朋友结婚了，你去参加他的婚礼，在婚礼上你怎么祝贺他？

    3. 你的同事搬家了，你怎么祝贺他？

    4. 你的爷爷今年过七十大寿，你怎么祝贺他的生日？

    5. 你的朋友新开了一家饭店，你去参加开业典礼时说什么？

    6. 过新年的时候人们经常说什么互相祝愿的话？

    7. 你的同学由处长升到院长，你怎么祝贺他？

    8. 你的朋友找到一份好工作，同时要结婚了，你怎么祝贺他？

四、思考与表演

    1. 表演一下同事之间谈论工作的情景。
    2. 请表演一下丈夫辛辛苦苦工作一天回家之后的情景。
    3. 请表演一下大学同学毕业十年以后聚会的情景。（请用上不同的"祝贺"的表达方式）

回顾与复习二

一、听一听

第一部分

> 说明：1—15题，这部分题目，都是一个人说一句话，第二个人根据这句话提一个问题，请你在四个书面答案中选择唯一恰当的答案。

1. A. 了不起　　　　B. 不重要　　　　C. 很随便　　　　D. 应该认真对待

2. A. 五点　　　　　　　　　　　　B. 差十分五点
   C. 下课前五分钟　　　　　　　　D. 下课后五分钟

3. A. 喜欢挑挑拣拣　　　　　　　　B. 是个残疾人
   C. 个子很矮　　　　　　　　　　D. 个子很高

4. A. 很容易　　　　　　　　　　　B. 时间不够
   C. 非常难　　　　　　　　　　　D. 有点儿难

5. A. 这个人很可爱　　　　　　　　B. 这个人现在是班花
   C. 这个人已经老了　　　　　　　D. 这个人二十年前喜欢养花

6. A. 他们都是小孩子　　　　　　　B. 他们都喜欢家
   C. 他们谈得很认真　　　　　　　D. 他们都是闹着玩儿的

7. A. 已经说好了 B. 今天做不成了
   C. 今天时间不够了 D. 可能做不成了

8. A. 兴奋 B. 不满 C. 怀疑 D. 感叹

9. A. 打算买西瓜 B. 打算买芝麻
   C. 及时提醒别人 D. 差点儿为了小事忘了大事

10. A. 因为以前很累 B. 因为下岗了
    C. 因为牙疼 D. 因为符合自己心意

11. A. 说话人英语水平很低
    B. 说话人觉得对方的英语水平好像小孩子一样
    C. 说话人觉得对方的英语水平不如小孩子
    D. 说话人觉得对方英语水平不可能那么低

12. A. 因为别人不干 B. 因为要养活别人
    C. 为了生存 D. 他自己愿意干

13. A. 批评对方不好好工作 B. 提醒对方换工作
    C. 认为对方对单位不满意 D. 认为对方日子混得不错

14. A. 找到了饭碗 B. 捡到了一块金子
    C. 找到了很好的工作 D. 心里高兴得好像捡到了金子一样

15. A. 王局长 B. 李科长 C. 田主任 D. 不知道

第 二 部 分

说明：16—35题，这部分题目，都是两个人的简短对话，第三个人根据对话提出一个问题，请你在四个书面答案中选择唯一恰当的答案。

16. A. 不喜欢竞争 B. 当了家庭妇女
    C. 教育孩子 D. 经商

17. A. 男孩儿 B. 女孩儿 C. 两个孩子 D. 一个男孩一个女孩

18. A. 因为他们不听他的话　　　　B. 因为他怕自己丢面子
　　C. 因为对方不给自己面子　　　D. 因为不好意思批评他们

19. A. 其实理想还没实现　　　　　B. 梦想已经过去了
　　C. 自己做过的等于没做过　　　D. 不必满足于过去的成绩

20. A. 很想结婚　　　　　　　　　B. 同意这次延期
　　C. 对多次延期不满意　　　　　D. 不同意结婚的事

21. A. 去医院看妻子　　　　　　　B. 不理妻子
　　C. 考虑这样做的好坏　　　　　D. 好好说说妻子

22. A. 很多人看他们　　　　　　　B. 已经拉过很多次了
　　C. 有100个人正在看他们　　　D. 别人的眼睛很可怕

23. A. 已经老了　　　　　　　　　B. 眼睛瞎了
　　C. 非常优秀　　　　　　　　　D. 不喜欢男人

24. A. 出去时间不短　　　　　　　B. 应该有好的装备
　　C. 心里踏实　　　　　　　　　D. 不会生病

25. A. 生病很着急时会乱找医生　　B. 病了应该看医生
　　C. 病了应该找到合适的医生　　D. 病了难受可以去小诊所

26. A. 不知道后果严重　　　　　　B. 时间不够
　　C. 手头事情太多　　　　　　　D. 不知道怎么开始做

27. A. 讽刺　　　B. 羡慕　　　C. 祝贺　　　D. 责备

28. A. 夫妻　　　B. 恋人　　　C. 上下级　　D. 母子

29. A. 男的很容易生气　　　　　　B. 张挺经常进去
　　C. 男的戴眼镜　　　　　　　　D. 男的对张挺有偏见

30. A. 男的想娶小丽不可能　　　　B. 男的可能会死掉
　　C. 男的心已经死了　　　　　　D. 小丽已经有男朋友了

31. A. 忘了要做的事　　　　　　B. 忘了要去哪儿
    C. 不知能做什么　　　　　　D. 不会忘掉

32. A. 电脑操作员　　　　　　　B. 电脑软件开发者
    C. 编辑　　　　　　　　　　D. 作家

33. A. 去买药　　　　　　　　　B. 好好睡觉
    C. 注意适当休息　　　　　　D. 不要劳动

34. A. 不应该对王林有意见　　　B. 有意见是正常的
    C. 不应该不说话　　　　　　D. 应该多说话

35. A. 劝男的不要瞎忙　　　　　B. 跟男的谈恋爱
    C. 批评对方不应该不结婚　　D. 为男的找对象

第 三 部 分

说明：36—50题，这部分题目，你将听到几段简要的对话或讲话。每段话之后，你将听到若干个问题，请你在四个书面答案中选择唯一恰当的答案。

36. A. 工作很忙　　　　　　　　B. 得了大病
    C. 减肥成功　　　　　　　　D. 身体不适

37. A. 爱随便说话　　　　　　　B. 爱玩儿
    C. 太累　　　　　　　　　　D. 心情不好

38. A. 想得太多　　B. 嫌麻烦　　C. 太磨蹭　　D. 嫌医院条件不好

39. A. 嫌自己老了　　　　　　　B. 自己喜欢穿黑灰衣服
    C. 不喜欢自己　　　　　　　D. 两人交流不够

40. A. 害怕　　　　B. 解释　　　C. 讽刺　　　D. 生气

41. A. 这么想就行　　　　　　　B. 这么做不行
    C. 这样做挺好　　　　　　　D. 随你怎么办都行

42. A. 为了挣钱 B. 为了全家人的未来
    C. 为了自己 D. 为了以后不再忙碌

43. A. 事业成功的人和家人的关系都比较远
    B. 很多人注重工作，不注重和家人的交流
    C. 很多人事业成功时发现自己在家庭中没有意义
    D. 和家人疏远心里会觉得不舒服

44. A. 万林打工的地方不好，因为挣钱太少
    B. 万林应该自己办公司
    C. 万林很有能力，所以有很多证书
    D. 万林不应该觉得委屈

45. A. 有了资金和经验后再开公司
    B. 不想单干
    C. 自己没有资金，先挣钱再说
    D. 自己干容易碰壁

46. A. 不同意万林的想法
    B. 不同意万林总往外跑
    C. 现在的情况不让人满意
    D. 先有稳定的工作也不错

47. A. 用人单位只想找到能干的职员
    B. 跳槽的人都没有信誉
    C. 有的求职者希望轻轻松松拿到高薪
    D. 专业水平高的人创造力都不够

48. A. 用人单位招聘人很难
    B. 求职者的自身条件不够所以找不到合适的工作
    C. 想进公司大门不容易
    D. 用人单位为求职者设了很多障碍

49. A. 对女儿的工作 B. 对女儿的专业
    C. 对女儿的健康 D. 对女儿的学习

50. A. 爸爸不喜欢女儿自己挑选专业
　　B. 爸爸觉得女儿将来肯定挣不到钱
　　C. 女儿凭兴趣选择自己的专业
　　D. 女儿对自己很自信

二、想一想

1. 在第五课至第七课中，我们学习了很多跟找工作有关的词语，请分成两组，说说看，比比哪组说得更多、更快。

2. 在这几课中我们还学过一些和人的情绪、性格有关的词语，请分成两组，说说看。

三、填一填

1. 用下列词语填空：

坐不住　急剧下降　眼光　自主　石沉大海　资产　抹不开　吆喝
凌晨　稳固　别墅　物质基础　松一口气　调整　工作狂　金饭碗
可想而知

现在很多人都羡慕那些事业有成的大款，觉得他们住着_____，开着宝马，个人_____上亿元，想干什么就可以干什么，真是神仙一样的生活。其实，很多大款在创业的时候吃的苦比普通人更多。他们有的开始并没想_____创业，也希望自己能捧上_____，可一次次投出的求职信都_____，最后他们才走上了单干的路。有的从做小生意开始，每天就起床，一个人又是进货又是卖货，开始_____的时候面子_____，可慢慢地胆子就大了起来。事业成功后很多人觉得他们已经有了_____的_____，可以_____了，可是一旦放松了自己，销售额可能会_____，自己辛辛苦苦建起的公司有谁愿意看着它走下坡路呢？于是，他们又一次_____了，重新开始二次创业。以平常人的_____来看，他们个个都是_____，但了解了他们的真实情况，他们承受的压力就_____了。

2. 用下列句型填空：

想怎么V就怎么V	想V就V（不想V就不V）
越是……反而越是……	虽然……但好歹……
一咬牙，索性……	无论……多……也……
一来……二来……	……不说，还……

年轻人在上学期间自由自在，经常是_____做_____，自己觉得自己是大学生，_____现在大学生不值钱了，_____也算是人才，将来_____工作_____难找_____差不多可以混个铁饭碗。可是真到了求职的时候就傻眼了。人山人海的人才招聘会，把大学生们的美梦惊醒了。有的人勉强找到了工作，可是到了工作单位对工作不认真负责，_____干_____干，_____干_____不干，整天混日子。有的人自身能力不高_____，_____对条件待遇挑三拣四的，最后迟迟无法就业。当然，也有一些能力比较突出的学生找不到合适的工作，因为_____他们需要能展现自己优势的单位，_____他们对薪水的期望值比较高，等了好久也等不来合适的单位，心里_____焦急_____难以找到自己理想的工作，最后，_____，_____自己开始创业。面对越来越多的就业大军，该是到了早做准备，一入学就做好职业计划的时候了。

四、练一练

用"责备""鼓励""祝贺"的表达法完成对话：

1. 甲：我很想邀请咱们班的班花一起去跳个舞，可是又没有这个胆儿。

   乙：没关系，你试试看嘛，反正你脸皮比较厚。

甲：_____，_____，我正愁得要命呢！我知道自己肯定不行，说了也会被拒绝的。

乙：这可不像你说的话啊！你去邀请一下啊，_____？

甲：我真的不行，你别逼我了！

乙：_____，让我说你什么才好呢？

2. 小王：李姐，听说你生了大胖小子，祝贺你_____啊！

   李勤：谢谢，谢谢，你最近忙什么呢？

   小王：我这不是刚搬完家吗？为了装修房子差点儿累死了！

   李勤：哟，那我应该祝贺你的_____啊！对了，前几天听别人说你当了科长，今年你可真是_____啊！

   小王：哪里哪里。对了，_____，怎么总是忘事呢？我都忘了恭喜你家先生_____呢，他可是已经当了处长，比我强多了。

   李勤：他整天跟个工作狂似的，有什么用呢！

   小王：_____，_____不知足，这么好的老公你不要可是有很多人抢着要啊！

3. 科长：小李，你看这几天你是不是可以做一个有关单位发展的新规划？

   小李：我当然愿意做，但恐怕做不好。

   科长：_____，_____！

   小李：那我就试试看。科长，下午我想请一会儿假，早走点儿，行吗？我爷爷今天八十大寿。

   科长：是吗？那可以，你早点儿走吧，别忘了替我祝贺他老人家_____。

   小李：谢谢科长！

4. 张三：这次我犯了错误，恐怕一辈子也没人会再相信我了。

   李四：别这么想，_____，我相信你能行！

   张三：可是我自己已经抬不起头来了。

   李四：你这个人，_____？错一次不等于一生都完了，你别这么沮丧。

   张三：我现在真羡慕你啊。你看，你工作也好，家庭也不错，还找到了称心的女朋友，什么时候_____啊？

   李四：快了，到时一定请你去喝喜酒。你可一定要打起精神来啊！

   张三：那我听你的。

五、编一编

用下列词语中的几个（最少三个）编一段对话或者短文：

喘口气	指望	忙碌	拼搏	匆忙	够呛
打发	三天两头	打气	踏实	冷门	优势
捡了芝麻丢了西瓜					

提示情景：小王整天忙于工作，可是忙得没有成绩，心情很不好，作为他的朋友，小李正在鼓励他重新选择自己的事业。

六、说一说

1. 在生活中，你觉得爱情重要还是面包重要？说说你的理由。
2. 你觉得怎么才能避免因为工作太忙而影响家庭生活？
3. 如果你找工作遇到困难，你打算怎么办？
4. 如果有一个女孩，你不很爱她，但她很爱你，而且她可以帮助你事业成功；另外一个女孩你很爱她，可她对你的事业没有帮助，你会怎么选择？

第八课

善待你的钱包

听力课文
◎ 一、换车一族 ◎

词语例释

舒畅	开朗愉快；舒服痛快。如： 爬上山顶，凉爽的风吹来，令人十分舒畅。
松口	不坚持 (主张、意见等)。如： ① 我怎么劝她，她也不松口。② 我多次求她，他就是不松口。
凑合	勉强将就。如： ① 没什么好菜，凑合着吃点儿吧。② 这两年，日子过得还凑合。
心思	想做某件事的心情。如： ① 现在很多父母并不了解孩子的心思。② 他心情不好，哪儿有心思下棋呀。
老掉牙	形容事物、言论等陈旧过时。如： 你给我们讲的这个故事都老掉牙了。
气派	神气；有精神；体面。如： ① 你看，穿上这身衣服，多气派。② 开上一辆名车，感觉就是气派。

迫不及待	急得不能再等下去了。如： 那个明星刚出现，影迷们就迫不及待地冲上去找他签名。
兴冲冲	兴致很高的样子。如： 第二天一早，我就兴冲冲地把车开到二手市场卖了。
立 马	立刻，马上。如： ①如果你不欢迎我的话，我立马走。②你打听清楚以后，立马给我回电话。
火	兴旺，兴隆。如： ①那饭店的生意，火得不得了。②这几年，那个女歌手非常火。
超前消费	指超过自己目前经济能力的消费现象。如： 如果经济能力允许，你完全可以通过贷款的方式实现超前消费。

练习

一、听后判断

1. 以前，说话人没有车，现在买了私家车。　　　　　　　　　（　　）
2. 说话人原来的车是一辆别人开过的二手车。　　　　　　　　（　　）
3. 说话人原来的那辆二手车卖了七万块钱。　　　　　　　　　（　　）
4. 说话人是单位里比较重要的职员，是副总经理。　　　　　　（　　）
5. 说话人买的新车的牌子是奥迪。　　　　　　　　　　　　　（　　）
6. 说话人买新车的时间是星期天。　　　　　　　　　　　　　（　　）

二、听后选择

1. 今天，说话人心情不错的原因是什么？（　　）
   A. 被提升为公司的领导了　　　B. 老婆同意买一辆新车了
   C. 买了一辆新车　　　　　　　D. 跟外商的谈判成功了

2. 关于原来那辆二手车，下面哪句话是正确的？（　　）
   A. 九成新　　　　　　　　　　B. 说话人觉得它很气派
   C. 开那辆车好多年了　　　　　D. 是以前贷款买的

3. 根据说话人的说法，导致他下定决心换车的最主要的理由是（   ）
   A. 原来的车是一辆老掉牙的旧车
   B. 同事们都把旧车换成了新车
   C. 跟外商谈判觉得不体面
   D. 新车的价钱越来越低

4. 为了劝说老婆同意买车，说话人向老婆做了什么保证？（   ）
   A. 每天洗衣服   B. 每天做饭
   C. 每天买菜   D. 每天的家务活全包

5. 根据课文内容，下面哪句话是不正确的？（   ）
   A. 工作需要使说话人下定决心买新车
   B. 说话人是贷款买的新车
   C. 社会上的"换车一族"将来会越来越多
   D. 现在的二手车市场非常红火

三、听后回答

1. "我非常希望买一辆自己的车，可是跟老婆商量了很多次，她一直不答应。"这句话还可以怎么表达？
   提示：做梦都想……　松口

2. 说话人的老婆不同意买车的理由是什么？
   提示：凑合

3. 社会上流行买私家车，说话人是什么反应？
   提示：心痒痒

4. 说话人还清二手车的贷款以后，却出现了什么问题？
   提示：到头来　怎么 V 怎么 Adj

5. 在说话人内心深处，对待换车的态度是什么？
   提示：倒没什么

6. 导致说话人换车的主要理由是什么？
   提示：老掉牙　不够气派

7. 说话人用什么方式让妻子同意买新车的？
   提示：做……的工作　全包　好说歹说

四、听后思考
1. 你会不会买二手车？你买车会怎么买？
2. 你会不会贷款买房或者买车？
3. 你觉得超前消费好不好？请谈谈你的观点。

二、中国社会消费的变化

词语例释

摆　脱	脱离（不良的情况等）。如： ① 改革开放以来，很多农民摆脱了贫困。② 为了摆脱商业困境，他做出了一个大胆的决定。
温　饱	吃得饱、穿得暖的生活。如： 在一些偏远农村，温饱问题还没有解决。
小　康	指可以维持中等水平的家庭经济状况。如： 现在中国东部沿海地区的生活水平基本上达到了小康。
翻天覆地	表示变化巨大而彻底。常指积极的变化。如： 改革开放以来，中国农村的面貌发生了翻天覆地的变化。
随　之	跟着……。如： ① 虽然人们的生活水平提高了，但是问题随之而来。 ② 人们的腰包越来越鼓，生活发生了翻天覆地的变化，消费观念、生活方式也随之改变。

过 渡	事物由一个阶段或状态逐渐发展变化而转入另一个阶段或状态。如： 中国社会正处于计划经济向市场经济过渡的时期。
紧 俏	(商品)销路好，供不应求。如： 这些商品卖得非常好，是市场上的紧俏货。
升 级	从较低的等级升到较高的等级。如： 市场激烈的竞争使商品升级换代的速度越来越快。
大操大办	指花很多钱，高规格地操办婚礼、丧事等活动的做法。如： 很多人结婚喜欢大操大办。
人情消费	指为了保持良好的人际关系而进行的消费。如： 在中国，人情消费在家庭支出中占的比重越来越大。
理 性	不冲动的，可以控制行为的能力。如： 我们应该理性对待超前消费。

练习

一、听后判断

1. 改革开放以后，中国人的生活发生了很大的变化。（　）
2. 现在中国人的生活方式正从舒适型向温饱型过渡。（　）
3. 吃讲营养，穿讲漂亮，住讲宽敞，用讲高档已成为中国大多数农民的追求。（　）
4. 在20世纪80年代，大衣柜、自行车、缝纫机是当时最紧俏的商品。（　）
5. 从80年代到90年代中期，中国农民家庭的"三大件"变成了冰箱、彩电、洗衣机。（　）
6. 家电在农村普及是90年代末期以后发生的事。（　）
7. 90年代后期的"新三大件"指的是冰箱、彩电、洗衣机。（　）

二、听后选择

1. 农村从"百元级"向"千元级""万元级"消费发展，是下列哪一个时期？（   ）
   A. 20世纪80年代中期
   B. 20世纪50年代到70年代
   C. 20世纪80年代到90年代中期
   D. 20世纪90年代后期一直到现在

2. 90年代后期一直到现在，关于消费结构升级的主要标志，下列哪项是正确的？（   ）
   A. 家用电器在中国城镇普及
   B. 大衣柜、自行车、缝纫机是最紧俏的商品
   C. 冰箱、彩电、洗衣机变成了中国城镇居民家庭的"三大件"
   D. 电脑、房子、轿车这"新三大件"逐步进入城市家庭

3. 作者认为，下列哪项不让人担忧？（   ）
   A. 人情消费负担过重、浪费惊人
   B. 不文明的消费习惯仍然大量存在
   C. 人们知道如何理性消费
   D. 结婚大操大办、请客大吃大喝

4. 下列哪一项录音中没有谈到？（   ）
   A. 文明消费   B. 理性消费
   C. 绿色消费   D. 适度消费

三、听后回答

1. 社会发展了，人们的生活发生了怎样的变化？
   提示：随着   翻天覆地

2. 改革开放以后，中国人的经济状况发生了什么样的变化？
   提示：腰包越来越鼓了

3. 人们生活水平提高了，生活各个方面越来越讲究了，具体表现在哪些方面？

    提示：……讲……，……讲……，……讲……

4. 现在不少人是怎样对待孩子的婚礼的？

    提示：大操大办

四、听后思考

1. 如果你有很多钱，你会怎么消费？
2. 请谈谈对过度消费的看法。
3. 如果你的家庭条件不太好，别人吃的用的都比你好，你会怎么想？
4. 有的人因为很有钱就非常浪费，比如吃一顿饭花上万块钱。你怎么看这种现象？

叙述性口语课文

◎ 消费大家谈 ◎

史磊，男，43岁，作家

我给大家讲一个故事吧。说一个中国老太太和一个美国老太太在天堂聊天，美国老太太说："我辛苦了三十年，终于还清了住房贷款。"中国老太太说："我辛苦了三十年，终于攒够了买房的钱。"美国老太太在自己买的房子里住了三十年，后半生都在还款；而中国老太太后半生一直在攒钱，刚攒够了买房的钱，却去了天堂。这个故事告诉我们，消费的老观念该变一变了，我们也可以"花明天的钱，圆今天的梦"。

柳笛，男，23岁，街舞爱好者

年轻人嘛，就应该追求时尚。人活一辈子，就那么几天，为什么不好好享受？你说我花钱大方，嗨，跟我那些哥们儿比起来，我差远了。他们从来不存钱，有钱就花，是地地道道的"月光族"。出门超过两千米，必须打车，决不累着自己。吃，要有讲究；穿，要有个性；住，要求宽敞。他们喜欢贷款买房子,没有钱的话,父母是最好的"银行"。这就是我们——都市中最酷的一群年轻人,yeah!

徐丽,58岁,农村妇女

说起花钱,哪家都有一本难念的经。就说我们农村吧,什么事儿都要请客。结婚就不用说了,就连女人生孩子、老人过生日、搬家、盖房子、孩子考上大学,都要请客。人家请咱的客,咱不送红包当然说不过去。这几年,家家户户是富裕了点儿,可富裕了也不能这么大方呀。就说这红包吧,你说送吧,一年少说也得千儿八百;不送吧,别人会说你抠门儿,自己也觉得没面子,哎,难呐。

刘可,男,68岁,退休人员

花钱这事儿啊,我的观点就和现在的年轻人完全不一样。我真奇怪,现在的大姑娘小伙子花起钱来,怎么眼睛眨都不眨一下,好像这钱是从天上掉下来的似的。有工作的,多花点儿钱,咱还可以理解,可是那些没有工作,天天吃父母的年轻人,花钱也照样大手大脚,衣服一天一套,皮鞋一天一双,他们怎么好意思?这么浪费,就是有一座金山,早晚也会被花空的。

王兰,女,46岁,心理咨询师

作为一个心理咨询师,社会心理的变化,我们最有发言权。这几年,人们的生活越来越好,手头宽松了,花起钱来自然就痛快得多。可是,天长日久,不少人竟然产生了一种病态的消费心理,一天不花钱,浑身就难受,拿起信用卡,马上精神百倍。不管什么东西,只要自己看上眼,花多少钱都要买回家,信用卡透支也不在乎。至于买回家的东西有用没用,他们一概不关心。这些人也想戒掉购物瘾,但是一进商场的大门,手就会不由自主地伸向兜里的信用卡。如果不及时治疗的话,不少人就会变成信用不良者。

词语例释

月光族　一般指那些每个月都把当月的工资全花光的年轻人。如:我妹妹花钱大手大脚,是一个地地道道的"月光族"。

红　包	包着钱的红纸包，用于喜事、节日时送给亲友或者孩子，或作为对某些人的奖励、赠品等。如： ① 现在给医生送红包的现象很严重。② 同事明天要结婚，我得准备红包。③ 公司领导一般在年底会给那些工作成绩突出的员工发红包。
抠门儿	小气、吝啬。如： 那人真抠门儿，一块钱都舍不得出。
咨询（zīxún）	向专家等征求意见、了解情况等。如： 如果你有问题，可以向有关部门咨询一下。
宽　松	环境等不紧张，比较松快。也指钱不紧张。如： ① 每个人都喜欢在宽松的环境中生活工作。② 现在生活好了，人们手头也宽松了。
透　支	存钱的人经过银行同意在一定的限度内提取超过存款数字的款项。如： ① 现在一些信用卡可以透支。② 透支信用卡，如果限期还不上，很可能使自己变成信用不良者。
不由自主	控制不住自己。如： 听完了他的故事以后，大家不由自主地流下了眼泪。
兜（dōu）	衣服上的口袋。如： 这件衣服没有兜，装东西不方便。

练习

一、用课文中的词语表达

1. 留学生来中国以后想家，这很正常，但是借口想家而不上课，就不太好了。
   提示：可以理解

2. 那个老人每天给孩子攒钱,可是自己生活得却很辛苦,你不理解。
   提示:人活一辈子

3. 现在很多年轻人,不到月底就把工资花光了。
   提示:月光族

4. 你们别以为我的日子好过,我现在光孩子的学费,一年就得好几万,我累着呢。
   提示:家家都有一本难念的经

5. 你的同学遇到困难,你得帮她,你不帮的话,就是你的不对了。
   提示:说不过去

6. 我们班数王刚最小气,他看上了同学的MP3,同学答应半价卖给他,可是他还要讨价还价。
   提示:抠门儿

7. 现在的孩子花钱一点儿也不心疼。
   提示:眼睛眨都不眨一下

8. 你的同学希望通过HSK 8级,但是他一点儿也不努力。你告诉他,8级不可能很容易就通过。
   提示:从天上掉下来的

9. 现在很多成年人没有工作,他们都依靠父母养活。
   提示:吃父母

10. 我在北京住了十年,所以,谈起北京的街道,我最有资格发表意见。
    提示:发言权

11. 别人给小王介绍了很多女朋友,但是没有一个人能让他多看两眼。
    提示:看不上眼

二、用课文中的句型表达

1. N 嘛，就应该 (/得) ……

   例句：你别老是管他，孩子嘛，就应该多动动。

   (1) 年轻人，好奇心强很正常。

   (2) 作为一个人，必须有自己的事业。

2. 有 N 就 V

   例句：那些年轻人，有钱就花，从来不知道攒钱。

   (1) 你如果有什么事儿的话，请你给我打电话，我可以帮你。

   (2) 如果你以后有时间，来我家玩儿吧。

3. 就说……吧，什么……都……

   例句：就说我那孩子吧，长这么大，什么家务活都不会干。

   (1) 我刚来中国的时候，一句汉语都不会说。

   (2) 我们家所有的事儿都是妈妈决定。

4. ……就不用说了，就连……都……

   例句：结婚就不用说了，就连女人生孩子、老人过生日、孩子考上大学，都要请客。

   (1) 现在很多人买了车以后，离开了车好像活不下去，上班开车，去附近的市场买菜也开着车。

   (2) 孩子什么家务都不会做，不会做菜还可以理解，扫地、擦桌子竟然也不会干。

5. ……是……，可 (/但/不过) ……

   例句：这几年，家家户户是富裕了点儿，可富裕了也不能这么大方呀。

   (1) 我现在很累，不过我不能因为累就不去上课。

(2) 我承认她很漂亮。不过，她的性格不适合我。

6. 你说 V 吧，……；不 V 吧，……

　　例句：就说这红包吧，你说送吧，一年少说也得千儿八百；不送吧，别人会说你抠门儿。

　　(1) 中国朋友请客，但是饭菜我不习惯，特别是"辣椒炒蛹（yǒng）"，我吃的话觉得恶心，不吃又觉得不礼貌。

　　(2) 孩子要求我给他买一套运动服，但是太贵，不买的话，孩子要哭闹，怎么办？

7. 一 + 量词₁ + 一 + 量词₂

　　例句：有些上班族，衣服一天一套，皮鞋一天一双，至于吗？

　　(1) 我们的学习进度是一个星期上五天课，学五课。

　　(2) 这些书不多不少，班里每个人都有一本。

三、思考与调查

1. 你觉得柳笛和他朋友的消费观对不对？为什么？
2. 请简单谈一下用信用卡消费的好处和坏处。
3. 请谈一下你所了解的最浪费的消费和最节约的消费。

对话性口语课文

◎ 办个什么样的婚礼 ◎

王姐：小李，好一阵子没见你了，最近在忙什么呢？

李强：是王姐呀，唉，别提了。我下个月就要结婚了，现在正忙着准备婚礼的事儿呢。

王姐：这可是喜事儿，我得提前恭喜你！

李强：喜事是喜事，可是真让人头疼。这些天我都快忙昏头了。

王姐：有什么可忙的？不就是举行个婚礼吗？至于吗？
李强：不瞒你说，我跟女朋友打算参加集体婚礼，可是我父母说什么都不同意。他们说人一辈子就结一次婚，何况他们只有我一个儿子，婚礼不办得像样点儿，在街坊邻居面前没面子，所以什么都要和别人比着来。
王姐：你父母这真是老脑筋了，婚礼大操大办，这得花多少钱，费多少心思啊！
李强：谁说不是呢。我们俩其实也没多少存款，父母退休金也不高，可他们为了面子非得打肿了脸充胖子，我真是有苦说不出啊！
王姐：要说你家也挺奇怪的，人家办婚事时都是孩子吵着闹着非得怎么豪华怎么来，你们家可倒好，整个儿倒过来了，你父母没想想，把钱都投到婚礼上，结婚以后你们一点儿底儿也没有，怎么过日子？
李强：我也发愁呀，手里没钱我们过得紧紧巴巴的，弄不好再为钱吵架，那多没劲啊！还不如现在省着点儿，将来过得舒服些呢。
王姐：我看也是，你回家好好做做父母的工作，他们肯定心疼自己的孩子，会改变主意的。
李强：那我就试试看吧，但愿他们能改变主意！

词语例释

像　　样	有一定的水平；够一定的标准。如： ① 他字写得挺像样。② 现在大学生就业难，想找个像样的工作太不容易了。
打肿脸充胖子	比喻假装有本事，有能力，有钱财等。如： 你没钱就说没钱，何必打肿脸充胖子呢？
整　个　儿	全部。如： ① 整个儿上午他都在教室里学习。② 迷上网络游戏以后，他整个儿人好像完全变了。
紧　　巴	形容经济不宽裕，可用的钱少。常常重叠使用。如： 为了攒钱供孩子上大学，夫妻俩日子过得紧紧巴巴的。

表达拓展　"发愁"的表达法

本课中出现了一些"发愁"的表达法。如：喜事是喜事，可是真让人头疼。这些天我都快忙昏头了。除此之外，汉语中还有很多"发愁"的表达法。如：

1. 犯愁（/伤脑筋）

指发愁。如：收到大学录取通知书以后，孩子高兴得要命，可他哪里知道父母正在为学费的事儿犯愁呢。

2. 愁得我呀……

表示事后叙述自己当初发愁时的情景，该句前常加发愁的原因，后引出发愁的样子。如：孩子病了以后，愁得我呀，头发一把一把地往下掉。

3. 愁死（/人/我）了

这是"发愁"最直接的表达形式。如：① 这么多作业，我什么时候才能完成？愁死人了。② 房价这么贵，我什么时候才能买到自己的房子？哎，愁死我了。

4. 头发都愁白了

表示极度发愁。如：① 儿子都三十五了，还没成家，妈妈为了这事，头发都愁白了。② 公司破产，妻子又跟他离了婚，一连串的打击把他的头发都愁白了。

5. 可怎么 V 哪（/呀）

因找不到好办法而发愁。如：① 这可怜的孩子，父母双亡，奶奶又去世了，将来可怎么办哪？② 丈夫得病一走，我一个人可怎么活呀？

6. 愁得……

是发愁最具体的表达法。如：① 我都三十了，还没有女朋友，我真愁得慌。② 他愁得头发都白了。③ 她愁得整天哭。

7. 借酒消愁

通过喝酒的方式解除忧愁。如：为了忘掉所有的痛苦，他每天借酒消愁。

8. 唉声叹气、愁眉不展（/愁眉苦脸/眉头紧锁）

因发愁而叹气、皱眉的样子。如：① 也不知道为什么，他整天唉声叹气、愁眉不展的。② 小刘，你最近怎么了？怎么整天唉声叹气、愁眉苦脸的？

9. 愁容满面

指发愁的样子。如：他坐在椅子上，愁容满面，呆呆地看着前方。

一、用正确的语气语调朗读下列句子

1. 是王姐呀，唉，别提了。我下个月就要结婚了，现在正忙着准备婚礼的事儿呢。

2. 有什么可忙的？不就是举行个婚礼吗？至于吗？

3. 不瞒你说，我跟女朋友打算参加集体婚礼，可是我父母说什么都不同意。

4. 要说你们家也挺奇怪的，人家办婚事时都是孩子吵着闹着非得怎么豪华怎么来，你们家倒好，整个儿倒过来了。

5. 我也发愁呀，手里没钱我们过得紧紧巴巴的，弄不好再为钱吵架，那多没劲啊！

二、用课文中的词语或句型表达

1. 这次HSK你考得非常不好，朋友问你考得怎么样？你怎么回答？
   提示：别提了

2. 最近，你每天忙得不可开交，朋友问你最近忙不忙，你怎么回答？
   提示：忙昏头

3. 你的同学正在预习生词，生词只有十个，可是他说自己累得要命，你觉得奇怪。
   提示：有什么可……的，不就是……吗？

4. 我想去美国学习英语，可是父母无论如何都不同意。
   提示：说什么都（/也）不 V

5. 我妻子有个很不好的习惯，就是不管什么事，她都喜欢跟别人比较。
   提示：和……比着来

6. 我哥哥每个月的工资才1000块,可是因为爱面子,每次朋友来的时候,他都要花800多请客吃饭,我就不喜欢他这种人。

   提示:打肿脸充胖子

7. 我的妈妈和妻子关系很不好,经常吵架,我既不能帮妈妈说话,又不能帮妻子说话。

   提示:有苦说不出

8. 孩子今天一直强烈要求给自己买台电脑。

   提示:吵(/哭)着闹着

9. 你朋友小王特别懒,无论做什么都要用最简单的方式。

   提示:怎么 Adj 怎么来

10. 快要期中考试了,我们都忙着复习,可是他呢,每天睡觉,根本不学习。

    提示:(某人)可倒好

11. 我长得像我爸爸,可是性格却完全相反,爸爸内向,我外向。

    提示:整个倒过来了

12. 结婚以后,我们不敢大手大脚花钱了,因为我们要为将来准备一些钱。

    提示:底儿

13. 这次考试,如果考得不好的话,我可能连四级都过不了。

    提示:弄不好

14. 她想跟丈夫离婚,你是她的朋友,你向大家表示明天去劝她不要离婚。

    提示:做做……的工作

三、用"发愁"的表达法说说下列情景

　　1. 父母离婚以后，她很难过，所以她每天都去酒吧喝酒。

　　2. 这次考试，他考得不太理想，所以这几天总是叹气，脸上也全是发愁的样子。

　　3. 孩子得了癌症以后，妈妈每天伤心痛苦，半年的时间，黑发竟然都变白了。

　　4. 跟男朋友分手以后，她每天不吃饭不喝水，你快去劝劝她。

　　5. 中国改革开放以前，粮食有限，有些人只要能吃饱肚子就行，可是现在，生活好了，食品非常丰富，人们却不知道每天吃什么好，所以他们发愁。

　　6. 我骑着自行车去野外旅行，但是半路上自行车没气了，想打车也打不到，我又着急又发愁。

四、思考与表演

　　1. 你和朋友去汽车市场买车，请表演一下当时的情景。
　　2. 大家在一起谈论婚礼的举办方式。
　　3. 你觉得结婚大操大办的优缺点是什么？
　　4. 你们国家年轻人跟老年人的消费观一样吗？如果不一样，请简单谈谈。

第九课

多个朋友多条路

听力课文
◎一、我的人际交往◎

词语例释

落下	得到（某些不好的结果）。如：①前些年太辛苦了，结果他落下了一身的病。②我帮了她的忙，结果却落下个爱占小便宜的名声，太冤枉了！
孤僻	（性格）孤独，不爱与人相处。如：他这个人太孤僻了，从不主动跟别人交往。
陪着笑脸	笑着陪伴别人，多用于招待或应酬。如：我是饭店经理，所有的客人来了我都得陪着笑脸说好话啊！
冷场	原指戏剧等演出时因演员迟到或忘记台词造成的场面，也指在应酬或开会时没人说话或演出、比赛时观众很少。如：今天开会时没人发言，会场里静悄悄的，有点儿冷场了。
扫兴	当高兴时遇到不愉快的事或听到不愉快的话而没有了兴致。如：我刚要出去玩儿，突然接到了开会的通知，真扫兴！
硬着头皮	因没有办法而勉强做某事。如：虽然我不愿意陪客人，但没办法，只好硬着头皮去应酬。

哄 (hǒng)	用言语行动使孩子（或关系比较亲密的人）高兴。如：①他很会哄孩子。②我的女朋友生气了，我不知道怎么哄她。
活跃	这里作动词，指使气氛活泼热烈。如：举办唱歌比赛可以活跃学校的气氛。
圈子	活动的范围。如：每个人的生活圈子都不同。
障碍	阻挡前进的事物。如：自卑已经变成了他继续进步的障碍。

一、听后判断

1. 说话人上学时的生活比较单调。　　　　　　　　　　（　　）
2. 说话人的很多同学经常和不三不四的人交往。　　　　（　　）
3. 在公司里别人都觉得说话人比较孤僻。　　　　　　　（　　）
4. 因为说话人的性格很活泼，所以领导很欣赏他。　　　（　　）
5. 说话人工作了将近一年就当上了部门经理。　　　　　（　　）
6. 人际交往对事业的帮助作用很大。　　　　　　　　　（　　）

二、听后选择

1. 说话人可能是什么文化程度？（　　）
   A. 大学本科　　　　　　　B. 大学专科
   C. 硕士研究生　　　　　　D. 博士研究生

2. 下面哪个不是上学时说话人社会交往少的原因？（　　）
   A. 性格比较内向　　　　　B. 不喜欢和别人接触
   C. 没有必要非和别人接触　D. 不想勉强自己做不情愿的事

3. 下面哪个不是说话人工作后交际情况改变的原因？（　　）
   A. 不想得罪领导　　　　　B. 不想让同事觉得不易相处

　　　　C. 不想让新客户生气　　　　D. 不想失去老客户

4. 吃饭时说话人不给客人讲什么内容？（　　）
　　A. 时事　　　　B. 笑话　　　　C. 幽默故事　　　　D. 短消息

5. 说话人现在的状况怎么样？（　　）
　　A. 领导觉得他逗得有些过分　　　B. 很多客户都被他骗了
　　C. 很多人觉得他很有礼貌　　　　D. 他可以很自然地和任何人交往

三、听后回答

1. 说话人在大学里的生活是什么样子的？
　　提示：三点一线

2. 别的同学的社交生活怎么样？
　　提示：丰富　杂　交往面

3. 工作后在公司里要怎样？
　　提示：谁都要……都要……　落下……名声

4. 为了工作，说话人怎么对待客户？
　　提示：得罪不起　陪着笑脸

5. 说话人开始接触客户时是什么情况？
　　提示：冷场　扫兴

6. 说话人开始讲笑话时效果怎么样？
　　提示：硬着头皮　礼貌性

7. 后来说话人的交际水平达到了什么程度？
　　提示：哄　活跃气氛

8. 说话人对人际交往是怎么看的？
   提示：良性　至关重要　交往圈子

四、听后思考

1. 谈谈你的交往圈子有多大。
2. 你和别人打交道时如果遇到冷场的情况怎么办？
3. 你觉得什么样的人在交往时常常让别人觉得扫兴？

◎二、渴望轻松的人际关系◎

词语例释

| 受访者 | 接受采访的人。如：
这次调查的受访者80%是在校大学生。 |

| 走后门 | 比喻用不正当的手段通过内部关系达到某种目的。如：
他没什么能力，靠着走后门当上了科长。 |

| 排斥(chì) | 使别的人或事物离开自己这方面。如：
由于她小时候家庭教育很严格，所以她从心里排斥那些生活方面太随便的行为。 |

| 沟通 | 使两方能连接或能交流。如：
父母应该多和孩子沟通一下思想。 |

| 困扰 | 被围在里面受到干扰。如：
人际关系问题一直困扰着我。 |

练习

一、听后判断

1. 这次受到采访的人有将近一万名。　　　　　　　　　　（　　）

2. 很多人都希望人际关系很轻松。（   ）
3. 办公室的人际关系使很多人感到很头疼。（   ）
4. 很多人希望和毫无关系的人交往。（   ）
5. 很多人不会处理办公室的人际关系。（   ）

二、听后选择

1. 有多少人通过网络结交朋友？（   ）
   A. 一万多人　　B. 六千多人　　C. 三千多人　　D. 一千人

2. 课文中提到了几种人际交往的方式？（   ）
   A. 两种　　　　B. 三种　　　　C. 四种　　　　D. 五种

3. 出现沟通障碍最多的是和什么人的关系？（   ）
   A. 同事　　　　B. 领导　　　　C. 朋友　　　　D. 同学

4. 下面哪种解决矛盾的方法没有提到？（   ）
   A. 包容　　　　B. 沉默　　　　C. 争吵　　　　D. 沟通

5. 下面哪个说法不是课文中的观点？（   ）
   A. 有些人觉得强调人际关系是一种不正之风
   B. 当人际关系出现问题时很多人不会处理
   C. 如果你的想法比较轻松，你和别人相处起来更容易
   D. 有人觉得交际能力也是一种沟通能力

三、听后回答

1. 为什么有些人觉得人际关系应该排斥？
   提示：拉关系　走后门

2. 大部分年轻人怎么看待办公室的人际关系？
   提示：困扰

3. 很多人和同学、朋友的交往怎么样？
   提示：极少数　障碍

4. 从课文最后的一组调查数据可以看出什么？
   提示：为……所了解

四、听后思考

1. 如果你和领导有了矛盾，你会怎么办？
2. 如果你和同事吵架了，你会怎么办？
3. 你和朋友闹过矛盾吗？你们是怎么和好的？

叙述性口语课文

◎ 大圈子，小圈子 ◎

王鹏飞，男，29岁，公司职员

我这个人是个热心肠。从上学到现在，要是谁有了什么事，只要是我能帮得上忙的，我决不会推辞。我们班每次同学聚会都是我挑头儿，同学们迎来送往的也是我负责接待。这样忙忙碌碌的多花了不少钱，搭上了不少时间，但也落了个好人缘儿。别人办不成的事我打声招呼，同学、朋友没有不给面子的。现在工作了，我也把这种性格带到了公司，现在公司上上下下对我都挺好的。看来我交往的圈子会越来越大的。

李青，女，35岁，办公室文员

我天生是个没心眼儿的人，上学时是这样，工作了也没改变多少。工作以前别人都提醒我出了校门一定得留点儿神，单位的人都很复杂，不可交心。可我记着记着就忘了，有什么事常没心没肺地就在办公室里说了出来。虽然也为此吃过苦头，但慢慢地，大家都知道我实在，也不防着我，这反而让我的交际环境更宽松了。所以我觉得，人还是做你自己最重要。

杨崇光，男，45岁，公司经理

其实我喜欢简简单单的人际关系，朋友之间一壶清茶，聊聊天，谈谈心，比什么都舒服。可是我是做生意的，不能由着自己的性子来。所以我好像每天都在和不同的人打交道,和不熟悉的人一起吃饭,常常口袋里装着一大盒名片,几天就发完了。你还别说,这些辛苦也没白费,公司的关系网越结越密,生意也越做越大了。人们常说的"多个朋友多条路"还真是挺有道理的。

王菲菲,女,42岁,全职太太

我以前是一家公司的职员,后来丈夫生意忙不过来,我就辞职回家照顾一家老小。原来上班时整天要考虑上上下下的关系,挺累的,恨不得有一天再也不用操这种心了。可真回了家,开始还和原来的同事交往,后来大家就找不到什么共同话题了,关系自然就疏远了。渐渐地,我发现我的交往圈子越来越小,外面的世界好像和我无关似的。这种感觉让我挺郁闷的,看来人还是得生活在人群中啊!

小丝,女,17岁,高中学生

别以为我们中学生除了死读书什么都不知道。其实我们也得面对各种各样的关系。有的同学每天只盯着课本,整个儿一个书呆子,这样的人大家其实并不很喜欢。有的人太世故了,张口闭口钱啊、关系啊、地位啊,也让大家挺烦的。只有那种成绩不错,脑子也灵活,和同学打成一片,和老师也能接近的同学才有威信。这种交往能力可不是一天就能练出来的,我就不行,以后得好好向别人请教请教。

词语例释

热心肠	对人热情、爱帮助别人、做事积极的性格。如: 他是个热心肠,谁有了困难他都愿意去帮忙。
挑(tiǎo)头儿	带头儿,领头儿。如: 我们都很想举办这次活动,就是没有挑头儿的人。
人缘儿	跟人相处的关系(有时指良好的关系)。如: 小王在我们单位很有人缘儿。

吃苦头	受到痛苦或遇到很多困难与挫折。如： ① 由于家庭问题，他在过去的十几年里吃了不少苦头。 ② 你的性格这么急躁应该改一改，否则将来肯定会吃苦头的。
防	做好准备来应付攻击或避免受害。如： 那家伙心眼儿很坏，你得时刻防着他。
由着性子	按照自己的性格想做什么就做什么。如： 这孩子你应该管管了，不能让他由着自己的性子乱来。
多个朋友多条路	多交一个朋友办事的时候就会更方便些。如： 俗话说："多个朋友多条路"，要想做生意就得多和别人接触才行。
疏（shū）远	关系、感情上有距离，不亲近。如： ① 最近不知道因为什么我们的关系有点儿疏远。② 因为知道了他的毛病，我慢慢开始疏远他。
郁（yù）闷	心情因为某些事而不舒畅，很烦闷。如： 我最近因为和领导关系很别扭，所以心里很郁闷。
世故（shìgu）	对待别人、处理事情不得罪人，很圆滑。如： 慢慢长大了，人也变得比以前世故多了。
威信	使人尊敬、信任的力量。如： 他有能力，又会处理事情，在我们单位很有威信。

练习

一、用课文中的词语表达

1. 别人有什么事他都很乐意帮忙。
   提示：热心肠

2. 每次组织活动的时候都是我首先提出来，然后负责组织管理等。
   提示：挑头儿

3. 我的朋友特别多，很多人都很喜欢我，愿意和我交往。
   提示：人缘儿

4. 只要是我求别人办的事别人都会帮我的忙。
   提示：给……面子

5. 你一定不要轻易相信别人的话，否则你会倒霉的。
   提示：吃苦头

6. 他那个人坏心眼挺多的，你一定要小心一点儿。
   提示：防着

7. 你已经是大人了，不能想干什么就干什么，得好好考虑一下。
   提示：由着性子

8. 你们原来关系挺好的，现在怎么不太来往了？
   提示：疏远

9. 这个领导和下级的关系很好，好像上下级之间没什么距离。
   提示：打成一片

10. 他是我们班的班长，学习又好，人品也不错，做事很公平，大家都很佩服他。
    提示：威信

二、用课文中的句型表达

1. 虽然……，但慢慢地……
   例句：虽然开始学汉语比较困难，但慢慢地，我发现汉语越来越有意思了。
   (1) 开始工作时都不太会干，时间长了就能找到窍门儿了。

   (2) 当明星是不错，可是总是被别人打扰会让人受不了。

2. ……比什么都舒服

   例句：吃上一盘饺子，再喝上一碗饺子汤，比什么都舒服。

   (1) 我觉得累了的时候洗热水澡最舒服。

   (2) 很冷的时候喝一杯热咖啡很舒服。

3. ……（某人）张口闭口……，让人……

   例句：现在的年轻人张口闭口房子啊、车啊，让人觉得挺不舒服的。

   (1) 别人都讨厌总是讨论化妆品、衣服的女孩子。

   (2) 这个孩子总是说理想、未来等话题，别人都有点儿受不了了。

4. ……可不是一天就能……的

   例句：这种事情可不是一天就能做好的。

   (1) 学习外语需要很长时间才可以掌握。

   (2) 一个人的知识需要很长时间才可以丰富起来。

三、思考与调查

1. 你在人际交往方面是哪一种类型的人？
2. 你觉得生活中什么样的人比较受欢迎？
3. 你一般愿意和什么样的人交往？
4. 请调查一个人，问问他有没有因为人际关系而苦恼的情况。

对话性口语课文

◎ 有朋自远方来 ◎

王　林：各位，今天咱们兄弟姐妹们又聚到一起了。这都得感谢咱们的老同学李静宁，要不是她来，我们还不知道什么时候才能见面呢。

李静宁：这么说以后我得多来啦？

田明亮：可不是，你得多给我们创造机会啊！

孙怡飞：别理他们，静宁，下次来我们俩单独见面，省得听他们这些男生胡说八道。

王　林：可不好这样啊，怡飞，太不够意思了！好了，现在我们言归正传，静宁出差路过我们这儿，就待一晚上，我们今天又是给她接风，又是给她饯行。怎么样？为了欢迎和欢送静宁，大家一起干一杯！

李静宁：哎哟，真是不敢当。我来一晚上，给你们添这么多麻烦，真有点儿过意不去。

田明亮：静宁，你这话就有点儿见外了。咱们都是同学，大学里又是不错的朋友，你来我们高兴还高兴不过来呢，怎么能说添麻烦呢？

孙怡飞：就是，静宁，我们几个见面常念叨你，你怎么跟我们说起客套话来了？还不赶快罚自己一杯？

李静宁：好好，算我说错了。其实，这次能跟你们见个面我也很高兴。工作后才知道同学感情是最真的，同学关系也最纯，不像工作中的人际关系那么复杂。

王　林：谁说不是，刚才我们吵吵闹闹的时候我就在想，我们刚工作的人在办公室里整天得小心翼翼地做人，哪儿敢这么随便？还是同学好啊！

田明亮：现在整天忙忙碌碌的，要和大家聚一聚有时都抽不出空儿来。真是想见的见不着，不想见的天天见啊！

孙怡飞：人在职场，没办法啊！别说这些扫兴的话了，咱们还是好好喝酒聊天吧！

李静宁：大家活得都不容易。唉，今天分手，我们不知什么时候才有机会再相见啊！

王　林：别这么伤感，山不转水转，我们总会有机会见面的。你们说是不是？

孙怡飞：对呀，现在交通这么方便，我们说不定哪天就去你那儿看你去了。

李静宁：那我们就说好了，下次在上海见！

田明亮：没问题，一定去打扰你！

词语例释

言归正传	说话或写文章回到正题上来。如：别说废话了，咱们言归正传吧，今天我们开会的目的是商量旅游的事情。
接风	请刚从远道来的人吃饭。如：你下周回来吗？好，我等着给你接风。
饯(jiàn)行	用酒食来送行。如：明天小李就要去美国了，今天咱们给他饯行。
念叨(dao)	因为惦记或想念而在谈话中提到。如：你不在的时候我们经常念叨你。
纯	没有杂质。本课指人的内心没有不好的想法。如：这个姑娘虽然已经工作几年了，但还是很纯。
小心翼(yì)翼	形容说话办事非常小心，一点儿也不敢疏忽。如：因为父母太严厉，所以他在家里总是小心翼翼的。

表达拓展 "送别"或"告别"的表达法

课文中出现了一些"送别"或"告别"的表达法。如：

1. 今天我们为……饯行 (送别)

设酒席为别人送行时的说法。如课文中的句子：我们今天给她饯行。再如：明天小王就要动身去美国了，今天我们在这里给他饯行，来，大家干一杯！

2. 今天我们在这儿欢送…… (送别)

当某人要离开某地，为他举行正式的送别活动时的表达法。如课文中的句子：为了欢送静宁，大家一起干一杯！再如：05届的毕业生马上就要离校了，今天我们在这儿欢送他们，祝他们事业有成。

3. 山不转水转，我们总会有机会见面的 (送别或告别)

当对方因为担心以后不能见面而舍不得分手时所用的表达法。如课文中的句子：别这么伤感，山不转水转，我们总会有机会见面的。再如：你别想那么多，山不转水转，我们总会有机会见面的。

除此之外，汉语中还有很多"送别"或"告别"的表达法。如：

1. 我来向您辞行（告别）

找到某人跟他告别时的用语。如：明天我就要离开北京去上海了，现在我来向您辞行，希望您多多保重。

2. 别再送了，咱们就此分手吧（告别）

当对方送你送得很远时所用的告别语。如：你已经送了我两站地了，别再送了，我们就此分手吧。

3. 如果咱们之间还有缘分的话，肯定会再见的（送别或告别）

送别或告别时安慰对方，表示两人还有见面机会的用语。如：你别哭了，如果咱们之间还有缘分的话，肯定会再见的。不信你等着瞧。

4. 送君千里，终有一别，我就不远送了（送别）

当送了对方很远，终于下决心离开时的用语。如：真希望这条路可以永远走下去，可是送君千里，终有一别，我就不远送了。祝你一路平安。

练 习

一、用正确的语气语调朗读下列句子

1. 这么说以后我得多来啦？
2. 可不是，你得多给我们创造机会啊！
3. 可不好这样啊，怡飞，太不够意思了！
4. 你来我们高兴还高兴不过来呢，怎么能说添麻烦呢？
5. 你怎么跟我们说起客套话来了？还不赶快罚自己一杯？
6. 我们刚工作的人在办公室里整天得小心翼翼地做人，哪儿敢这么随便？
7. 真是想见的见不着，不想见的天天见啊！
8. 唉，今天分手，我们不知什么时候才有机会再相见啊！

二、用课文中的词语或句型表达

1. 小王今天不来我们学校，我们就不知道你要结婚的消息。

　　提示：要不是……我们还不知道

2. 好了，我们别聊天了，该说说我们今天要商量的问题了。
   提示：言归正传

3. 我们今天一起喝酒的目的是为了欢迎老朋友。
   提示：接风

4. 孩子，你能上大学，我真的很高兴，怎么会哭呢？
   提示：高兴还高兴不过来呢

5. 你跟我是不分彼此的朋友，千万别这么客气。
   提示：客套话

6. 他本来是很粗心的人，可是在领导面前也很小心，生怕领导不高兴。
   提示：小心翼翼

7. 我明天真的没有时间，没法去参加你们的活动。
   提示：抽不出空儿

8. 我每天都吃不到喜欢的菜，总是吃不爱吃的菜。
   提示：想V的V不到，不想V的天天V

三、用"送别"或"告别"的表达法说说下列情景

1. 你别难过了，我们肯定能见面的。

2. 我们能认识本来就是缘分，以后我们肯定还会相见的。

3. 老师，明天我就要回国了。

4. 你别送我了，已经走得很远了，你回去吧。

5. 不管送你多远我们还是得分手，那就在这儿分手吧。

6. 山水公司的经理明天就要离开我们公司回国了,我们今天开一个送行会。

四、思考与表演

1. 你觉得学校里的人际交往和社会上的人际交往有什么不同?
2. 如果你去一个陌生的地方,你喜不喜欢刚认识的人对你特别热情?为什么?
3. 表演两个老同学分别几年后见面的情景。

第十课

我的未来不是梦

听力课文

一、幽兰的人生目标

词语例释

失聪	失去听力；聋。如： 那个孩子因为打针而双耳失聪了。
不懈	一直不停地，不放松地。如： 你只有通过坚持不懈的努力，才能达到你的目标。
名列前茅	指名次排在前面。如： 他的成绩在班级里一直名列前茅。
高才生	指成绩优异的学生。如： 他的成绩在班级里一直名列前茅，是出了名的高才生。
圆梦	实现梦想。如： 高考时，他以优异的成绩考取了北京大学信息系，圆了自己的大学梦。
保障	保护（生命、财产、权利等），使不受侵犯和破坏。如： ①我们一定会保障你们的人身安全。②法律的目的是保障公民的自由和权利。

| 攻读 | 努力读书或者钻研某一门学问。如：
①目前，他正在某大学法律专业攻读博士学位。②我刻苦攻读汉语，是为了能早一点儿取得学位。 |

| 步伐 (fá) | 走路的步子。如：
幽兰正迈着坚定的步伐，向人生的下一个目标前进。 |

| 事迹 | 个人或者集体过去做过的比较重要的好事情。如：
他的事迹在社会上引起了强烈的反响。 |

| 反响 | 回响；反应。如：
①他曾经登台演出过，当时反响很大。②他的文章在报纸上发表以后，在社会上引起了强烈的反响。 |

| 许愿 | 在心里立下愿望，希望达到某个目标。如：
过生日的时候，朋友们让我许个愿，我希望在不久的将来能找到自己的另一半。 |

练习

一、听后判断

1. 幽兰的名字叫唐幽兰。　　　　　　　　　　　　　　　（　　）
2. 幽兰六个月大的时候，因为打针造成了失明。　　　　　（　　）
3. 幽兰是个善良而富有爱心的人。　　　　　　　　　　　（　　）
4. 录音中谈到了幽兰的人生目标一共有三个。　　　　　　（　　）
5. 幽兰是在北京大学残疾人保障专业攻读博士学位的。　　（　　）
6. 阳历8月15号是幽兰的生日。　　　　　　　　　　　　（　　）

二、听后选择

1. 幽兰的第一个人生目标是（　　）

   A. 治好自己的病
   B. 照顾好邻居张大妈
   C. 考上大学
   D. 去联合国残疾人联合会工作

2. 幽兰的第二个人生目标是拿到哪个学校的硕士学位？（　　）
   A. 南京大学　　　　　　　　B. 北京大学
   C. 南开大学　　　　　　　　D. 清华大学

3. 幽兰的生日那天是中国的什么节日？（　　）
   A. 端午节　　　B. 中秋节　　　C. 国庆节　　　D. 元宵节

4. 幽兰博士毕业以后，希望干什么？（　　）
   A. 治好自己的病　　　　　　B. 去联合国残疾人联合会工作
   C. 立下新的人生目标　　　　D. 圆自己的大学梦

5. 关于录音，下列哪个说法是不正确的？（　　）
   A. 幽兰是一个身体有残疾但是心理很健康的人
   B. 幽兰是在南开大学读的博士
   C. 残疾人跟普通人一样都需要证明自己存在的价值
   D. 幽兰是一个非常努力而且善良的残疾人

三、听后回答

1. 幽兰为什么失聪？失聪后怎么样？
   提示：因……导致……　从此　无声

2. 幽兰失聪以后是怎么做的？
   提示：放弃　向往　反而　实现

3. 幽兰的学习成绩怎么样？
   提示：名列前茅　高才生

4. 幽兰高考的结果怎么样？
   提示：以……的分数　圆梦

5. 幽兰现在在南京大学干什么？
   提示：攻读

6. 面对社会的赞美，幽兰是怎么回答的？
   提示：V了该V的　证明　价值

7. 幽兰在谈到毕业以后的打算时是怎么说的？
   提示：许愿　这样就可以……

四、听后思考

1. 谈谈你对幽兰的初步印象。你对她的评价是什么？
2. 你觉得社会应该为残疾人提供哪些服务？
3. 请谈谈你的人生目标。为了实现你的目标，你打算怎么做？

二、关于中国人梦想的调查

词语例释

周游	到各地旅游；游遍。如： 我最大的理想是在将来的某一天能够周游世界。
彩票	奖券的通称。如： ①现在很多人都喜欢买彩票。②不少人希望买福利彩票中大奖。
博览群书	大量地阅读各种书籍。如： ①我的梦想是将来能够有足够的时间博览群书。②那个人博览群书，知识非常丰富。

练习

一、听后判断

1. 这项调查是通过发放问卷的形式进行的。（　　）
2. 近一半的人把"赚更多的钱"作为最大的梦想。（　　）

3. 根据课文内容，中国人最大的梦想是周游世界。　　（　　）
4. 在大城市拥有一套三室一厅的房子比较容易。　　（　　）
5. 这项调查的结果并不让人感到意外。　　　　　　（　　）
6. 调查表明，大多数人重视物质追求而不重视精神追求。（　　）

二、听后选择

1. 在调查中，下列哪项选择的人最少？（　　）
   A. 赚更多的钱　　　　　　B. 周游世界
   C. 看各方面的书　　　　　D. 开名车

2. 下列哪项的结果让人们感到意外？（　　）
   A. 做大款、周游世界
   B. 开名车、住别墅
   C. 找个理想的恋人、朋友遍天下
   D. 赚更多的钱、博览群书

3. 根据课文内容，下列说法哪个是不正确的？（　　）
   A. 大多数人选择"赚更多的钱"，是因为他们认为钱是万能的
   B. 不喜欢多读书的人，他们的主要理由是读书无用
   C. 人们对金钱的看法是错误的，这应该引起我们的深思
   D. 人们过分关注物质享受，而忽视精神追求，这不是好现象

三、听后回答

1. "我的梦想是去世界各个有名的地方旅游"，这句话还可以怎么说？
   提示：周游世界

2. "看很多书会让人知识丰富"，这句话还可以怎么表达？
   提示：博览群书

3. 在这项调查中，什么内容让调查者感到吃惊？
   提示：两点　一是……二是……

4. 在详细阅读了被调查者的留言板以后，调查者发现了什么？
   提示：之所以……最大的理由是……

5. 关于中国人的梦想的调查，最后得出的结论是什么？
   提示：专注　忽视

6. 在中国，关于"钱"的作用，有一句名言，你知道是哪句话吗？
   提示：不是……但是……　万万

四、听后思考

1. 你的理想是什么？
2. 请你谈谈对"金钱不是万能的，但是没有钱是万万不能的"这句话的理解。
3. 什么是物质追求？什么是精神追求？请谈谈你的看法。

叙述性口语课文
◎七嘴八舌话理想◎

小丽，女，15岁，初中生

每当谈起理想，我和我的同学都会叽叽喳喳争论半天。他们有的想当老师，有的想当"白衣天使"，有的喜欢做警察，有的喜欢做律师，有的想当科学家，有的想当大款，还有的想当导演、歌星、影星、模特等等。我呢，因为长得不怎么漂亮，所以我想当一个服装设计师。我希望我这只"丑小鸭"将来能变成一只美丽的"白天鹅"。

于衡，男，22岁，大学生

每个人都有自己的理想，我也不例外。我的理想是做一个电脑工程师，所以从踏进大学校门的那天起，我就下定决心，一定努力学习，多在专业方面下工夫。其实，现在的大学校园，学业竞争非常激烈，加上就业的压力，每个学生都有危机感，压根儿没有时间玩儿。我的老师经常教育我们，成功永远属于那些有准备的人，一个大学生，不掌握一技之长，将来在社会上就站不住脚，所以，我必须加油加油再加油！

马克，男，23岁，英国留学生

俗话说得好，"萝卜白菜，各有所爱"，我的理想是将来能学好汉语，在中国开一家贸易公司。为了实现这个理想，我现在每天都刻苦学习汉语。我不但对汉语知识感兴趣，而且对汉文化也很着迷。周末或者节假日，我常常去中国各地旅游，了解中国的风土人情。我还交了很多中国朋友，他们是我的"铁哥们儿"，通过和他们交往，我收获很大。我决心抓紧时间学习，争取早日让自己变成一个"中国通"，为英中两国的经济文化交流出一份儿力。你们就等着我的好消息吧。

刘燕，女，26岁，北漂族①

我的理想是将来做一个歌星。小时候，我乐感很好，声音也很好听，是班里有名的"金嗓子"，唱民族歌曲我最拿手。不瞒你说，我之所以想当歌星，不光是因为我天生有一副好嗓子，更主要是因为当歌星很吃香，可以一夜成名，可以大把大把地赚钱，可以成为年轻人的偶像，甚至成为红得发紫的"万人迷"，所以，为了这个理想，受多少苦，我都愿意。

刘军，男，27岁，公司职员

说起理想，真是一言难尽。小时候，我也曾有过很多美好的梦想，但是计划没有变化快，所以，大部分都成了泡影。我大学念的是化学专业，毕业后在一家外企工作，说起来也算一个白领。虽然每天加班加点比较辛苦，但能学到不少东西。现在不是流行这么一句话吗？今天工作不努力，明天努力找工作。所以，我必须趁年轻多学一点儿技术，多积累一点儿经验，没准儿将来某一天我会跳槽到别的公司做CEO，不信走着瞧。

---

① 北漂族：指没有北京户口，为了实现自己的梦想而漂在北京的一群人。他们大多希望做文学艺术类的工作。

石头，男，24岁，民工

你问我有什么理想？呵呵，我们进城打工的人能有多高的理想？大部分人都是过一天算一天，走一步算一步。我呢，也有一个小理想，说出来你别笑话，就是天天有活儿干，多赚一点儿钱，好回家娶个媳妇。要是能再开个商店，或者买辆车跑买卖就更好了，那样的话，钱生钱，日子就会慢慢好起来。什么？你问我在城里打工有什么希望？说句心里话，我真心希望城里人别瞧不起我们，少给我们白眼。

词语例释

七嘴八舌	指很多人纷纷插嘴，纷纷发表意见。如： 老师的话刚说完，同学们就七嘴八舌地议论起来了。
叽叽喳喳	形容杂乱细碎的声音。如： ①小鸟叽叽喳喳地叫着。②下课以后，我们几个朋友只要凑在一起，就会叽叽喳喳地说笑个没完。
白衣天使	指医务工作者。如： 我的理想是长大以后做一个"白衣天使"，帮助那些有病的人。
下 工 夫	为了达到某个目的而花费很多的时间和很大的精力。如： ①要想学好汉语，非下一番苦工夫不可。②你不下工夫，肯定学不好汉语。
压 根 儿	根本；从来。如： ①我压根儿不知道那件事。②你认错人了，我压根儿就不认识你。
一技之长	指某一种技术特长。如： 人必须有一技之长，否则，就无法证明自己存在的价值。
站不住脚	没有自己的位置，在某个地方待不下去。如： 一个大学生，不掌握一技之长，将来在社会上就站不住脚。
萝卜白菜， 各有所爱	每个人有每个人喜欢、爱好的东西。如： 俗话说得好，萝卜白菜，各有所爱，我的爱好跟大家不一样。

着迷	对人或者事物产生特别大的爱好；入迷。如：①我不但对汉语知识感兴趣，对汉文化也很着迷。②老爷爷讲的故事很有意思，孩子们都听得着迷了。
铁哥们儿	男性之间称关系非常好的朋友。如：我们俩关系非常好，是铁哥们儿。
万人迷	很多人喜欢的人。如：有些明星因为长得漂亮，而且人品好，所以成为人见人爱的"万人迷"。
泡影	比喻落空的事情或者希望。如：小时候，我也曾有过很多美好的梦想，但是计划没有变化快，所以，大部分都成了泡影。
白领	一般指从事脑力劳动，待遇比较高的职员。如：我大学念的是化学专业，毕业后在一家外企工作，说起来也算一个白领。
没准儿	不一定；说不定；可能。如：①这事儿没准儿能成。②去不去还没个准儿呢。
白眼	眼睛向上或旁边看，是看不起人的一种表情。如：在城里打工，动不动就遭人白眼，我真受够了。

一、用课文中的词语表达

1. 很多女孩子在一起，每个人的话特别多。
   提示：叽叽喳喳

2. 我根本就不认识那个人。
   提示：压根儿

3. 人如果没有技术或者特长，在社会上就没有自己的位置。
   提示：一技之长　站不住脚

4. 我来中国留学，因为我非常喜欢中国的文化。
   提示：着迷

5. 学生在考试以前，一点儿也不努力，老师希望学生早点儿准备，早点儿复习。
   提示：成功永远属于那些有准备的人

6. 我学习汉语是希望用汉语做促进两个国家文化交流的工作。
   提示：出一份力

7. 我原来打算坐火车去北京，但是没想到火车票卖完了，我只好坐飞机了。
   提示：计划没有变化快

8. 我打算考大学，但是因为生病，我的计划没有成功。
   提示：泡影

9. 我工作很忙，每天很晚才回家，累得要命。
   提示：加班加点

10. 今天他没来上课，我估计他可能回国了。
    提示：没准儿

11. 我对将来完全没有什么打算。
    提示：过一天算一天　走一步算一步

12. 我不想把钱放在银行里，我想做买卖，赚更多的钱。
    提示：钱生钱

13. 农民在城市里经常被人看不起。
    提示：白眼

二、用课文中的句型表达

1. 有的……，有的……，还有的……
    例句：说起理想，他们有的想当老师，有的想当"白衣天使"，还有的喜欢做警察。
    (1) 周末，每个同学的安排都是不同的，干什么的都有，如在宿舍学习、打篮球、逛街买东西、去学校的"英语角"跟中国朋友见面。

    (2) 中国饭菜，我们每个留学生喜欢的都不一样。

2. 从……起，……就……
    例句：从踏进大学校门的那天起，我就下定决心，一定努力学习，多在专业方面下工夫。
    (1) 我到达中国的那天就开始刻苦努力地学习汉语。

    (2) 明天以后，我就要开始准备HSK考试了。

3. 其实，……，加上……
    例句：其实，现在的大学校园，学业竞争非常激烈，加上就业的压力，每个学生都有危机感，压根儿没有时间玩儿。
    (1) 我和同学吵架以后，我当时本来就没生气，而且我同学也向我道歉了，所以，我们已经和好了。

    (2) 我本来不想去旅游，但同学们说那个地方景色很美，而且一起去还便宜，所以我又决定去了。

4. 不……就……
    例句：一个大学生，不掌握一技之长，将来在社会上就站不住脚，所以，我必须加油加油再加油！

(1) 如果你不努力，你不可能成功。

(2) 你得睡觉，不然的话，没有精神好好学习。

5. 不瞒你说

例句：不瞒你说，我之所以想当歌星，不光是因为我天生有一副好嗓子，更主要是因为当歌星很吃香，可以一夜成名。

(1) 我来中国，不但是为了学习汉语，最主要是为了找一个中国女朋友，将来在中国生活。

(2) 老师问你："你和你女朋友打算什么时候结婚？"你想把你最近和女朋友分手的消息实话告诉老师，你怎么说？

6. 说起来也算……

例句：我大学念的是化学专业，毕业后在一家外企工作，说起来也算一个白领。

(1) 我只考上了一所一般的学校，虽然不好，但也是大学生。

(2) 你们俩能在一起也是缘分。

7. 没准儿

例句：他没准儿不来了。

(1) 我觉得，这次考试，我考得好的话能过8级。

(2) 他不一定什么时候来。

8. 不信走着瞧

例句：没准儿将来某一天我会跳槽到别的公司做 CEO，不信走着瞧。

(1) 因为你不听老师的话，老师说你将来肯定会吃亏，你不相信，老师会怎么继续说？

(2) 小王将来肯定会成功。

9. ……，好……

例句：我的理想是天天有活儿干，多赚一点儿钱，好回家娶个媳妇。

(1) 妈妈说："带上雨伞，下雨的时候可以用。"

(2) 老师，你能不能把手机号告诉我？以后如果有事，我给你打电话比较方便。

10. 要是能……，或者……就更好了

例句：要是能再开个商店，或者买辆车跑买卖就更好了。

(1) 今天老师提前一分钟下课，你告诉老师你希望提前五分钟甚至十分钟下课。

(2) 别人给你介绍了一个女朋友，你不太满意。你觉得如果她长得再漂亮一点儿或者再高一点儿，你就会看上她。

11. 那样的话

例句：我想买辆车跑买卖，那样的话，钱生钱，日子就会慢慢好起来。

(1) 我要努力学习，争取早一点儿通过8级。

(2) 我想买一个电子词典，可以帮助学习。

三、思考与调查

1. 请调查一下，你周围的朋友的人生理想是什么。
2. 你觉得北漂族刘燕的理想现实不现实？为什么？
3. 中国有句话，叫做"希望越大，失望越大"，你是怎么理解的？

对话性口语课文
◎ 报 志 愿 ◎

美娟：爸爸，老师让我们报高考志愿，您能不能帮我参谋一下？

爸爸：当然可以。不过，我和你妈想先听听你是怎么想的。

美娟：我想报北大或者清华，不知道行不行？清华和北大是中国最有名的大学，牌子硬得很。

爸爸：挺有志气的。不过，我上网查了一下，你的分数恐怕上不了清华北大，你是不是看一下其他的本科院校？

美娟：要不然，就选华东师范大学的会计专业吧。

爸爸：也不错。会计专业现在是挺好的，但是都一窝蜂地报会计专业，不一定是好事，等你毕业的时候，这个专业肯定会变成冷门儿，你信不信？小娟，你不是挺喜欢环保和生物工程吗？还有国际金融，这些专业将来会比较有前途，我建议你还是考虑这三个专业。

美娟：倒也是，这三个专业将来肯定热门儿。

爸爸：就是，学这些专业将来肯定有出息。

美娟：那我就在这三个专业里面选一个？

爸爸：那还得看你的。我不是说了吗？我和你妈早就有言在先，让我们提参考意见可以，但是最后的主意得你自己拿。

美娟：唉，挑来挑去，都挑花眼了。爸爸，您看复旦大学的生物工程专业怎么样？

爸爸：如果你真心喜欢这个专业，那我和你妈就支持你。

美娟：那好，就这么定了！我去填志愿了，爸爸。

词语例释

| 参　　谋 | 帮助别人出主意。如：①这件事儿该怎么办，你帮我参谋一下。②明天我跟男朋友第一次见面，你跟我一块儿去吧，帮我参谋一下。 |

牌 子	本指企业给自己的产品起的专用的名字，本文是指"名声"的意思。如： ① 买冰箱，你还是买"海尔"这个牌子的好。② 清华大学在中国的高校中牌子硬得很。
一窝蜂	指许多人一起很乱地说话或者做事。如： 你们都一窝蜂地报考热门专业，将来肯定会吃亏。

表达拓展　"建议"的表达法

本课中出现了一些"建议"的表达法。如：

1. 要不然，……

指在一种方法行不通的时候，建议选择另外一种方法。如课文中的句子：要不然，就选华东师范大学的会计专业吧。

2. 我建议……

直接提出自己的建议，也可以说"我提议……"。如课文中的句子：我建议你还是考虑环保、生物工程和国际金融这三个专业。再如：① 我建议（/提议），这个周末，我们举行一个晚会怎么样？② 我提议，以后每周看一部电影怎么样？

除此之外，汉语中还有很多"建议"的表达法。如：

1. 你看，……好不好？

表示半是建议半是商量。如：① 你看，这样做好不好？② 你看，我们明天去好不好？

2. 你是不是……更（/比较）好？

委婉地建议对方干什么。如：① 你看，你是不是这样做更好？② 今天去太晚了，你是不是明天去比较好？

3. 叫我看（/依我看/照我看/我觉得/按照我的看法），你还是（/最好）……

建议对方按照自己说的办法去做。如：① 叫我看，你还是去医院检查一下吧。② 依我看，你还是算了吧。③ 照我看，我们还是考试以后再去旅游吧。④ 我觉得，你最好不要这么做。⑤ 按照我的看法，你还是别回国了，在中国陪我学习汉语不更好吗？

4. 要不这样吧（/这么着吧）

建议对方既然现在的办法不行，就用别的办法试试看。如：① 要不这样吧，你先上课，其他的事，下午再说。② 要不这么着吧，你先吃饭，吃完饭以后，我们再出去逛街，好吗？

5. 要不（/要不然），你看这样好不好？

建议对方考虑自己新的提议。如：① 要不，你们看这样好不好？今天我们就不出去了。② 要不然，看这样好不好？你先送妈妈回家，我开完会以后马上就到。

6. 你何不……

用反问的语气建议对方干什么。如：① 你何不按照你妈妈的要求去做？② 既然这种药不太好用，你何不试试那种进口药？

练 习

一、用正确的语气语调朗读下列句子

1. 当然可以。不过，我和你妈想先听听你是怎么想的。
2. 你的分数恐怕上不了清华北大，你是不是看一下其他的本科院校？
3. 要不然，就选华东师范大学的会计专业吧。
4. 倒也是，这三个专业将来肯定热门儿。
5. 那还得看你的。我不是说了吗？我和你妈早就有言在先，让我们提参考意见可以，但是最后的主意得你自己拿。
6. 那好，就这么定了！

二、用课文中的词语或句型表达

1. 别人给你介绍了一个男（/女）朋友，今天你们第一次见面，你想让同屋帮忙看看对方怎么样，你怎么说？

   提示：参谋

2. 妹妹，北京大学名气大，教学质量好。你报考北大吧。

   提示：牌子硬

3. 你想去天津、武汉留学，你爸爸都不同意，没有办法，你想问问爸爸可不可以去上海。

   提示：要不然

4. 现在社会上有很多人都去考MBA。
   提示：一窝蜂

5. 你想报考农业大学，但是你的同学说农业专业不吃香，你应该报考那些受欢迎的专业。
   提示：冷门　热门

6. 你想去中国某个城市办工厂，现在有很多城市可以选择，你的中国朋友建议你最好在上海、北京、南京和广州四个城市中选择，他会怎么说？
   提示：你还是

7. 你本来想坐火车去北京旅游，你的朋友建议你坐飞机去，你觉得他说的有道理，你怎么说？
   提示：倒也是　要不

8. 别人给你介绍了三个女朋友，你不知道选择哪一个好，你问姐姐，姐姐说最主要的是你的意见和想法。
   提示：看你的

9. 我们学校让我们选择第二外语，我不知道选择日语还是汉语，爸爸，您帮我出出主意吧。
   提示：参考意见

10. 你在中国已经学了两年汉语，马上就要毕业了，你现在不知道是继续学习还是毕业回国，你问你的妈妈，妈妈说你自己最后决定。妈妈应该怎么说？
    提示：拿主意

11. 我们商量了好久，最后决定明天早上九点出去逛街。
    提示：就这么定了

三、用"建议"的表达法说说下列情景

1. 你学习不太努力,老师建议你以后更努力一点儿,他说得很和气,很委婉,他会怎么说呢?

2. 你希望老师同意下个周五举行留学生汉语卡拉OK比赛,你怎么对老师说?

3. 朋友想买一把吉他,但是你和朋友走了三家超市都没有买到,你建议再到"家乐福"超市看看,你怎么说?

4. 你最近拉肚子,吃自己的药没有用,中国朋友建议你试试中国的药,他怎么说?

5. 你和朋友商量周末怎么过,大家的意见都不一样,最后,你提出了一个比较好的建议,周六去爬山,周日逛逛街。

四、思考与讨论

1. 谈谈在你们国家高中生是怎么报志愿的。
2. 请简单谈一谈在你们国家的大学里,热门专业和冷门专业各有哪些。
3. 你上大学报志愿的时候你父母会提参考意见吗?最后谁拿主意?

回顾与复习三

一、听一听

第 一 部 分

说明：1—15题，这部分题目，都是一个人说一句话，第二个人根据这句话提一个问题，请你在四个书面答案中选择唯一恰当的答案。

1. A. 跟他见过面 B. 好像跟他见过面
   C. 跟他没见过面 D. 跟他关系很好

2. A. 我好不容易进了那家公司
   B. 我现在在那家公司干得不好
   C. 我现在在那家公司干得不错
   D. 在那家公司工作真没劲

3. A. 很要好的朋友 B. 死对头
   C. 普通朋友 D. 兄弟

4. A. 我大学同学的工作不一样
   B. 我的大学同学都没有对象
   C. 我大学同学喜欢吃萝卜白菜
   D. 我的大学同学找对象的标准不同

5. A. 马克的汉语还可以　　　　　B. 马克很了解中国
   C. 马克的汉语口语很棒　　　　D. 马克是外国人

6. A. 玛丽最近嗓子不好
   B. 玛丽嗓子发炎不能参加联欢会
   C. 玛丽唱歌很难听
   D. 没有玛丽联欢会的水平或气氛会下降

7. A. 主持人　　B. 教授　　C. 律师　　D. 模特

8. A. 他很会办事　　　　　B. 他很会说话
   C. 总经理很欣赏他　　　D. 他这个人很奇怪

9. A. 坐飞机　　B. 坐船　　C. 步行　　D. 坐火车

10. A. 说话人刚来北京的时候很累
    B. 说话人刚来北京的时候很有钱
    C. 说话人刚来北京的时候被别人看不起
    D. 说话人因为受到白眼所以来北京

11. A. 我跟小李一样　　　　　B. 小李不说没准儿的话
    C. 小李常说没准儿的话　　D. 我有时也说没准儿的话

12. A. 后悔　　B. 埋怨　　C. 吃惊　　D. 可惜

13. A. 安慰对方　　　B. 忠告对方
    C. 劝告对方　　　D. 警告对方

14. A. 比以前好看多了　　B. 今年十八岁左右
    C. 以前不漂亮　　　　D. 现在很漂亮

15. A. 中国队打败了意大利队
    B. 中国队大胜意大利队
    C. 这次比赛的结果在人们的意料之中
    D. 这次比赛有四支参赛队伍

第 二 部 分

> 说明：16—35题，这部分题目，都是两个人的简短对话，第三个人根据对话提出一个问题，请你在四个书面答案中选择唯一恰当的答案。

16. A. 忙着做饭　　　　　　　B. 平时不忙
　　C. 常常加班　　　　　　　D. 忙得没空儿吃饭

17. A. 孩子的想法让人生气　　　B. 两代人的想法不一样是正常的
　　C. 大人生孩子的气是正常的　D. 孩子淘气是正常的

18. A. 喜欢当老师　　　　　　　B. 一直想当工程师
　　C. 当设计师很有意义　　　　D. 当医务工作者很好

19. A. 款式新　　B. 材料硬　　C. 不容易坏　　D. 是名牌

20. A. 男的不听女的劝告买了冒牌儿货
　　B. 这个手表是地道的名牌货
　　C. 女的让男的买了这个手表
　　D. 这个手表买的时候很贵

21. A. 妹妹应该去见面　　　　　B. 妹妹不用去见面
　　C. 哥哥先和公司职员见面　　D. 妹妹应该当模特

22. A. 留学很顺利　　　　　　　B. 得了病
　　C. 留学回国了　　　　　　　D. 没去留学

23. A. 外企有进取精神　　　　　B. 外企工资待遇比较好
　　C. 外企重视人才　　　　　　D. 在外企工作压力太大

24. A. 去别的公司工作　　　　　B. 去医院看看
　　C. 不要改行　　　　　　　　D. 先看看情况再说

25. A. 信心十足　　B. 不抱希望　　C. 不太放心　　D. 十分自卑

26. A. 姐姐可以帮助砍价　　　　B. 姐姐知道哪儿能买到便宜的衣服
　　C. 姐姐可以帮他参谋一下　　D. 姐姐顺便去买自己的衣服

27. A. 孩子跟同事每天吵架 　　　　　B. 孩子能跟同事打成一片
　　C. 妈妈希望孩子跟同事搞好关系　　D. 公子很淘气

28. A. 孩子很喜欢女人　　　　　　　　B. 孩子交朋友需要缘分
　　C. 孩子很受姑娘喜欢　　　　　　　D. 孩子有人际交往障碍

29. A. 父母应该控制孩子不让他随便花钱
　　B. 如果孩子表现好，花点儿钱没什么
　　C. 孩子花钱大方不是好习惯
　　D. 建议孩子的父母多听孩子的想法

30. A. 主张好好过日子，别闹离婚
　　B. 主张两人和好
　　C. 主张看看再说
　　D. 主张离婚

31. A. 孩子特别想去旅游　　　　　　　B. 爸爸觉得去不去旅游都可以
　　C. 家里的事都是爸爸做主　　　　　D. 妈妈误解爸爸了

32. A. 小刘早就想结婚了，他女朋友更着急
　　B. 小刘的女朋友对结婚的事一直没点头
　　C. 女朋友不着急结婚的理由是小刘年龄小
　　D. 小刘打算跟女朋友分手

33. A. 老王对买车没什么想法
　　B. 老王心里也很想买车
　　C. 老王买得起车，只是暂时不需要
　　D. 老王觉得车对自己无所谓

34. A. 比较小气　　　　　　　　　　　B. 比较大方
　　C. 待人热情　　　　　　　　　　　D. 非常好客

35. A. 两个人可能是夫妻关系　　　　　B. 今天晚上可能下暴雪
　　C. 两个人在家里说话　　　　　　　D. 男的正去幼儿园接孩子

回顾与复习三

第 三 部 分

说明：36—50题，这部分题目，你将听到几段简要的对话或讲话。每段话之后，你将听到若干个问题，请你在四个书面答案中选择唯一恰当的答案。

36. A. 不在乎　　　B. 害羞　　　C. 热情　　　D. 后悔

37. A. 这个盘子非常贵重
　　B. 这个盘子在市场上买不到第二份
　　C. 这种盘子非常稀有
　　D. 这个盘子是贵重的唐代瓷器

38. A. 调查对象是女性青少年
　　B. 调查对象的数量是4000人
　　C. 是由日中两国有关机构共同开展的
　　D. 日中两国女性青少年的理想职业差异很大

39. A. 东京和北京　　　　　　　B. 东京和南京
　　C. 东京和上海　　　　　　　D. 东京和广州

40. A. 日本经济不景气　　　　　B. 日本青少年有懒惰心理
　　C. 日本社会就业压力大　　　D. 日本社会职业竞争激烈

41. A. 20至30岁的女性　　　　　B. 30至40岁的女性
　　C. 40至50岁的女性　　　　　D. 20至70岁的女性

42. A. 美容美发、娱乐健身、旅游、化妆品、服装服饰
　　B. 买房、大件电器、装修、教育支出、投资
　　C. 旅游、买电脑、买手机、学习、买化妆品
　　D. 美容美发、服装服饰、娱乐健身、买化妆品、充电

43. A. 30至40年龄段的女性是最具购买力的消费人群
　　B. 30至40年龄段女性消费的一大亮点是健身消费越来越高
　　C. 未婚女性最喜欢旅游
　　D. 大多数已婚女性决定着家庭"吃""穿"和"日用品"的选择和购买

179

44. A. 太挑剔

 B. 不管朋友好坏都不拒绝

 C. 只喜欢跟优秀的学生交朋友

 D. 只喜欢跟孤僻的人交朋友

45. A. 交朋友的老毛病没改

 B. 不三不四的朋友仍然很多

 C. 愿意帮助性格孤僻的同学，喜欢跟他们交朋友

 D. 喜欢跟朋友交流和沟通

46. A. 是一个善良懂事、富有爱心的人

 B. 觉得帮助性格孤僻的同学是一件很有意义的事情

 C. 毕业后在一家外企的商品销售部工作

 D. 上大学以后，朋友的圈子越来越大

47. A. 各忙各的，偶尔有业务联系

 B. 常常念叨对方，忘不了对方

 C. 有联系，很多还是公司的老客户

 D. 仍然是同学，每天必打电话联系

48. A. 加班加点是常事

 B. 各种费用发得非常多，小李很满足

 C. 每个月的工资是5000多块

 D. 刚进机关的时候，工作不太忙，还比较自由

49. A. 买房　　　B. 买车　　　C. 形象投资　　　D. 健康投资

50. A. 有点儿疑惑　　　B. 很看得开

 C. 无所谓　　　D. 无比自豪

二、想一想

1. 第八课到第十课有一些表示人的特点或者反映某些社会现象的词语，有些是比较积极的，有些是消极的，请先记住这些词语，然后分成两组，一组说积极的，一组说消极的，比比哪组说得多。

第一组
名列前茅
白天鹅
……

第二组
大操大办
丑小鸭
……

2. 第八课到第十课中有不少人们口头上常用的俗语或固定说法，请分成两组，比比哪组说得多。

第一组
家家都有一本难念的经
钱不是万能的
……

第二组
打肿脸充胖子
花明天的钱，圆今天的梦
……

三、填一填

1. 选用下列词语填空：

| 郁闷 | 抠门 | 红包 | 障碍 | 冷场 | 扫兴 | 哄 | 逗 | 孤僻 | 落 | 疏远 |
| 松口 | 宽松 | 圈子 | 心痒痒 |

在中国，不管是交朋友还是同事之间的人际交往，都要注意尊重对方的习俗和习惯。如果忽视这些习俗和习惯，就有可能闹得不愉快，使朋友、同事觉得_____，没面子。就拿结婚这件事来说吧。在中国，遇到朋友、同事结婚，送_____是很正常的事情。如果你不送，或者送的礼物拿不出手，人家会背后议论你，说你小气，_____。时间长了，弄不好还会_____下一个吝啬的坏名声。一些朋友可能会排斥你，_____你，渐渐地，你的朋友就会越来越少。这样的事情落在谁身上都是一件相当_____的事情。另外，在人际交往中要争取主动。就拿我跟同事的交往来说吧，我刚毕业的时候，跟人交往时往往很紧张，这种现象用医生的话说是一种人际交往_____症。跟同事出去吃饭、喝酒时，我常常无话可说，常常_____，场面很尴尬。时间一长，同事都背后议论说我性格内向、_____，其实我的性格是属于外向、活泼的一类。后来，通过努力，我慢慢体会出一些人际交往的窍门，遇到尴尬的场面，我也会挑头儿_____大家开心，讲一些笑话或者幽默故事，最后会_____得每个同事，包括客人都高高兴兴，开开心心。慢慢地，我的交际_____变得越来越大。

2. 选用下列句型填空：

怎么 V 怎么 Adj	家家都有一本难念的经	说不过去
眼睛眨都不眨一下	从天上掉下来	看不上眼
你说 V 吧，……；不 V 吧，……		
就说……吧，什么 N 都……		
有 N 就 V	有苦说不出	说什么都（/也）不 V
不就是……吗		

俗话说得好，＿＿＿＿＿＿＿＿，我家也不例外。先说我父母吧，条件困难的时候，两个人关系好得像一个人似的，等生活富裕、衣食无忧的时候，他俩的关系却出现了危机。互相之间＿＿＿＿＿看＿＿＿＿＿不顺眼。以前还能够接受对方的缺点，现在无论优点缺点都一概＿＿＿＿＿＿＿＿。两个人关系最不好的时候，曾经都闹到了要离婚的地步。这离婚可不是闹着玩儿的，就像我妈说的："＿＿＿＿＿离吧，舍不得孩子；＿＿＿＿＿离吧，心里又别扭。"最终闹了半年也没离成。再说我弟弟，那可是让我父母最头疼的孩子。他最大的特点是花钱没打算，＿＿＿＿＿钱＿＿＿＿＿花，花起钱来＿＿＿＿＿＿＿＿，好像这钱是＿＿＿＿＿＿＿＿＿＿＿的似的。父母批评他的话对他来说就是耳旁风。他嘴里常说的一句话是："＿＿＿＿几个钱＿＿＿＿＿？有什么？等我长大赚钱还给你们。"每当听到这样的话，父母都会暗暗伤心流泪。我呢，是个听话懂事的孩子，我觉得孩子应该孝顺自己的父母，应该懂礼貌，否则，道理上＿＿＿＿＿＿＿＿，外人也肯定会笑话。所以，不管什么事，我都依着父母的意思来。其实，我的很多想法都跟父母完全不同，但是为了让他们高兴，我只好委屈自己。有谁能明白我"哑巴吃黄连，＿＿＿＿＿＿＿＿＿＿＿＿"的真实感受呢！

四、练一练

请用"建议""发愁""送别"的表达法填空：

背景提示：小高从单位辞职以后，打算去北京发展。今天他到朋友小张家辞行。小张请他吃饭并给了他很多建议，最后两个人分手告别。

（敲门声）

小张：谁呀？

小高：我，小高。

小张：小高，是你呀，哪阵风把你给吹来了？快进来，请随便坐。最近在忙什么呢？

小高：是这么回事。前一阵子我辞职了，打算去北京发展，明天就要动身，所以今天我特地来＿＿＿＿＿＿。

小张：哎呀，人往高处走，水往低处流，去北京发展，这是好事呀。正好，饭快做好了，一会儿我再做俩菜，准备点儿好酒＿＿＿＿＿＿。

(酒桌上)

小张：来，老同学，今天这顿饭算是给你送行，来，咱们干一杯。老同学，这次去北京，你是怎么打算的？

小高：这不，最近我正为这事儿＿＿＿＿＿呢。哎呀，这段时间，为去北京的事儿，我茶不思，饭不想，头发都＿＿＿＿了。也不知道下一步是好是坏。所以我想听听你有什么建议。

小张：小高，＿＿＿＿＿＿＿＿＿，你不妨先想办法在北京找一个临时的工作，然后注意北京报纸上的招聘信息，有好的机会你就可以应聘。

小高：可这样做是不是有点儿慢？

小张：那……，＿＿＿＿＿＿，＿＿＿＿＿＿＿＿，我北京有一个老同学，他的朋友很多，我把你推荐给他，让他帮你，你看怎么样？

小高：那太好了。太谢谢你了。时间不早了，那我告辞了。

小张：我去送送你。唉，也不知道什么时候我们能再见面。

小高：不用担心，俗话说得好，＿＿＿＿＿＿＿＿，以后我们见面的机会多的是。你请留步，我走了，咱们后会有期。你多保重。再见。

小张：好，咱们＿＿＿＿＿＿。去北京后多跟我联系，有事儿打电话。保重，再见。

五、编一编

用下列词语中的几个编一段短文或者对话：

张口闭口……　打成一片　疏远　吃苦头　人缘儿　威信　世故
由着性子　活跃气氛　相比之下　没心没肺　提倡　硬着头皮　冷场
用不着非得V　落了个好人缘　说不定　弄不好

提示：叙述自己交朋友的经验和教训。

六、说一说

1. 请你说说你们国家的人是怎么看待人情消费的。

2. 你觉得什么样的朋友才是一辈子的朋友？请谈一谈你的观点。

3. 良好的人际关系对一个人的事业帮助很大，你觉得这句话对吗？为什么？

4. 说起办公室人际交往，中国的上司跟下属的关系是比较严格的，你们国家是什么样子的呢？请谈谈你所了解的情况。

听力录音文本

第一课　让我们认识一下

听力课文

◎ 一、他是谁？◎

在现实生活中，每个人都会有一个最要好的朋友，我也不例外，但我这个朋友和一般人的不一样，到底是谁呢？请你来猜一猜。

早晨6点，闹钟刚响，我伸了个懒腰，就看见镜子里有一个人正睁着一双蒙眬的眼睛，头发乱糟糟的，龇着两颗大门牙，胖胖的脸蛋，傻乎乎的。中午，教室里传来一阵阵读书声，我看着窗玻璃中那个熟悉的身影，他捧着书，无精打采，面无喜色，一副厌烦的样子，像头懒猪。傍晚，我在那一池清水中，仿佛看见有人正蹲在水边，双手伸进水中，慢慢地搓着手……夜晚，当我在卫生间洗澡时，又在瓷砖上看见那个整天陪伴着我的朋友，他正把双脚泡在水中，低头在那儿洗着他的脚，好像根本就没看见我。

这个人早晨是我的朋友；中午是我的朋友；傍晚是我的朋友；到了那寂静的深夜，还是我最要好的朋友。这个整天和我形影不离的朋友到底是谁？对，就是我，就是这个21岁的我，就是这个可爱却有点儿幼稚的我，就是这个现在正在教室里拿笔记录这一趣事的我。

二、盼　盼

　　盼盼是一只别人送我的小狗，它可爱至极。它有着一身雪白的、光滑发亮的毛发，长长的，和它那矮胖的身材配起来，真像一个小雪球。它胖胖的脸上有两只大大的眼睛，总是骨碌碌乱转，仿佛在寻找着什么。有时，看着看着，它的视线会突然落在某样东西上，而且一看就是半天，认真极了。

　　我的盼盼是一个可爱、温顺的"女孩"，但它对玩具可不感兴趣。不过她挺爱美的，常常从箱子里把它的衣服扯出来，让我给它穿。它还喜欢让我给它梳头，梳完后，还要舔舔我的手。我们俩亲密极了，每到星期六或星期天，我总要带上它出去玩玩。一到街上，它就像从笼中飞出的小鸟，开心极了。看见街上的花花草草，它感到很好奇。我带着它走在街上，很多小朋友都过来逗它，拿东西给它吃，它也毫不客气地收下了。

　　每当它享用过餐饭，总要饱睡一觉，懒洋洋的，但只要有一点儿声响，它便立刻从梦中惊醒，观察着周围的环境，勤勤恳恳地尽到它的职责。为了试探它，我曾在它熟睡的时候从它身边轻轻地走过，不想还是被它发觉了。它立刻睁着一双大眼睛，莫名其妙地望着我，那呆呆的样子，使我忍不住笑了。

第二课　购物，让我欢喜让我忧

听力课文
◎ 一、一块钱的肉馅儿 ◎

　　好久没去农贸市场买东西了，周六这天，妻子让我去买肉馅儿包饺子。说实话，一说进农贸市场我脑袋就大，我实在是不喜欢那里乱哄哄的气氛。不过，虽说我不经常进市场，但货比三家的道理我还是懂的。买东西也有学问，不能随便找一家就付钱，得先转转，了解价格和质量。

　　我从市场这头走到另一头，挨个观察、询问、比较，最后选了一家，买好十元钱的肉馅儿，回头向市场外走去。快到门口拐弯处时，突然跑出一个六七岁的小姑娘，和我撞在了一起，她手里拿着的一元钱差点儿掉到地上。她穿得很朴素，脸上却露着兴奋的笑容，就像明天要过年，会得到漂亮的衣服和玩具似的。不知怎么，这个小姑娘竟引起了我的好奇……

我看着小姑娘跑过一个一个的肉摊，扬起手里的一元钱，大声说："我要一块钱的肉馅儿。"但是她却遭到了一个个摊主的拒绝。连着走过了5个摊位，终于有一个好心的摊主送给了小姑娘一点儿肉馅儿。小姑娘咬着嘴唇，一步一回头地走出了市场。

我快走了几步，赶上小姑娘，笑着问她原因。小姑娘大概看出我没有恶意，便告诉我她已经没有爸爸了，妈妈也下岗了，今天是她的生日，妈妈要给她包几个饺子吃。但妈妈自从下岗后，身体一直不好，最近才到酒店打扫卫生，家里没有足够的钱……我沉默了，眼里隐约有了些泪花。我低下头对小姑娘说："叔叔这里有些肉馅儿，很便宜，你用一块钱买去好不好？"小姑娘望望我手里那大袋肉馅儿，再看看她手里的肉馅儿，不相信地说："真的吗？"我使劲点点头，小姑娘笑了，笑得就像春天里美丽的花朵……

◎ 二、网上购物渐成时尚 ◎

作为信息时代的现代人，网上购物已经不再是新鲜的事物。网上购物使距离不再是无法解决的问题，网络使世界成为了地球村，也为我们快节奏的生活提供了极大的方便。

机票、家电、日用品、影碟、书籍乃至汽车……想得到的网上有卖的，想不到的网上也有卖的。生活在"网"中，让购物成了零距离。打开电脑，第一，选择好你要买的东西；第二，点击购买；第三，填写你的详细联系方式；第四，通过各种方式付款；第五，对方发货或者送货上门。OK！网上购物就这么简单。

网上购物的好处众所周知。一方面网络上的商品种类繁多，搜索便利，选择余地大，可以反复比较；另一方面网上购物方便快捷，坐在家里就可以享受购物的乐趣，免去了没有目标地到处寻找之苦；还有，网络上的商品价格便宜是吸引网上购物者的最直接原因。当然，网上购物也不是十全十美的，最突出的就是不能亲眼看到货物，怀疑商家的信用，有可能上当受骗。

但不管怎么说，网上购物已经渐成时尚。资料显示，自从1998年中国完成了第一笔网络交易，至今大约有2100万的中国人在网上买过东西。国内最大的购物网站注册用户已超过1000万，去网上购物已经成为很多人的平常小事。根据中国互联网络信息中心的调查数据，有60.6%的网民上过购物网站，有17.9%的网民有过网上购物的经历。

第三课　民以食为天

听力课文

一、不　吃

　　有一次我去买牛肉。排在我前面的是一个中年妇女，看样子是个知识分子，南方人。轮到她了，她问卖牛肉的："牛肉怎么做？"我很奇怪，问："你没做过牛肉？""没有。我们家不吃牛羊肉。""那您买牛肉？""我的孩子大了，他们会到外地去。我让他们习惯习惯，出去了好适应。"这位做母亲的用心良苦。我于是尽了一次义务，把她请到一边，讲了一通牛肉的做法，从清炖、红烧、咖喱牛肉，直到广东的蚝油炒牛肉、四川的水煮牛肉、干煸牛肉丝……

　　有人不吃羊肉。我们到内蒙去体验生活，有一位女同志不吃羊肉，闻到羊肉味就恶心。这下可苦了，她只好顿顿吃开水泡饭，吃咸菜。看见我们吃手抓羊肉吃得那样香，她直生气！

　　有人不吃辣椒。我们到重庆去体验生活，有几个女演员去吃汤圆，进门就嚷嚷"不要辣椒"。卖汤圆的冷冷地说："汤圆没有放辣椒的！"

　　有人不吃苦瓜。前天有两个同乡来我家看我，吃饭的时候有一盘炒苦瓜。同乡问："这是什么？"我告诉她是苦瓜。她说："我倒要尝尝。"夹了一小片入口："乖乖！真苦啊！这个东西能吃？为什么要吃这种东西？"我说："酸甜苦辣咸，苦也是五味之一。"

　　许多东西不吃，生活很不方便。一个热爱生活的人口味最好杂一点儿，就像对生活的兴趣要广一点儿。

◎ 二、中国味道 ◎

中国独具特色的饮食文化是中华民族对人类文化的突出贡献之一。中国烹饪在世界上非常有名,深受其他国家和民族的喜爱。

中国烹饪常用的原料有3000种左右,调味品近500种,烹调方法100余种,刀工技法不下40种。不同原料、不同调料、不同刀法、不同做法的搭配组合产生出了丰富多彩的美味佳肴。

中国烹饪有独特的菜肴审美标准,要求色、香、味俱全。色指菜肴的颜色,讲究颜色漂亮;香指菜肴的气味,讲究菜肴要香气扑鼻;味当然就是菜肴的味道,好不好吃是决定一道菜做得是否成功的最重要的因素。这三方面相结合构成视觉、嗅觉、味觉的综合享受。

中国烹饪有著名的四大菜系,即黄河流域的鲁菜、长江上游的川菜、长江下游的苏菜和珠江流域的粤菜。由于地理、物产、民族、风俗等因素的影响,形成了不同的风味特色。鲁菜选料广泛,做法全面,口味讲究菜本身的味道;川菜的特点是麻辣咸香,菜式朴实,深受老百姓的喜爱;苏菜刀工精细,味道清淡,擅长制作江鲜家禽;粤菜擅长制做海鲜,做法新奇。鲁菜、川菜、苏菜和粤菜是中国烹饪区域性的主要表现。

第四课 有什么别有病

听力课文

◎ 一、一张治疗费用单 ◎

9月19日中午,神志不清的张印月被送进了某市一家医院。在此之前,患有老年痴呆症并有其他严重疾病的张印月已经卧床三天了。

三天的抢救失败了,张印月死了,除了悲伤和思念之外,这位84岁的老人还给亲属留下了一份昂贵的治疗费用单。

费用总共花了8646.62元,平均每天2880元。一位医生说:"对于和她状况相似的病人，这是个很一般的数字。"

上述费用主要由药费、治疗费、化验费等组成，其中药费5591.46元，治疗费460.34元，化验费934元。另外还包括几项特殊的费用，如每天200元的急诊观察费、心电图费等。而张印月的诊断费——被认为最能体现医生技术水平和价值的花费——三天却只有34元。

9月18日，张印月发病住院前夕，与她大儿子相熟的一位医生曾探望过老人。这位医生根据她当时的情况建议老人最好在家休养，不用送医院。医生认为即使老人情况不好了，也完全可以在家自然离开，靠医疗手段维持没有质量的生命，是没有必要的。

但家人最终拨打了120，这不是出于治疗的需要，而是为了避免误会。老人的孝顺儿子担心如果不送医院的话，容易让弟妹们产生误会，以为是他没有尽心。现在面对这高昂的治疗费用，他不知如何向弟弟妹妹们解释。

◎ 二、饮食与健康 ◎

中国居民营养与健康状况调查表明，随着国民经济的持续快速发展，近十年来，中国城乡居民的营养状况有了明显改善，营养不良发病率持续下降。总体来讲，中国居民饮食质量明显提高，城乡居民能量及蛋白质摄入基本得到满足，肉、蛋、禽等动物性食物消费量明显增加，农村地区的改善更为明显，饮食结构趋向合理。儿童和青少年生长发育水平稳步提高，儿童营养不良患病率显著下降，居民贫血患病率有所下降。

但是，中国居民营养与健康状况还存在着一些值得关注的问题。城市居民禽肉类及食用油消费过多，谷类食物消费偏低；此外钙、铁、维生素A等微量营养素摄入不足也是中国城乡居民普遍存在的问题。

调查显示，中国成人高血压发病率为18.8%，估计全国患病人数为1.6亿，农村高血压发病率上升迅速，城乡差距已不明显；中国成人糖尿病发病率为2.6%，估计中国糖尿病人数已达到2000多万。大城市20岁以上人群糖尿病发病率为6.4%。

中国成人超重率为22.8%，肥胖率为7.1%，估计现有超重和肥胖人数分别为2亿和6000多万。儿童肥胖率已经达到8.1%，应引起高度重视。由于超重人数比例较大，预计今后肥胖率将会有较大幅度增长。

回顾与复习一

一、听一听

第一部分

1. 别让我算，不瞒你说，一说算钱我脑袋就大，要不，你替我算算得了。
   问：这句话是什么意思？

2. 我好说歹说，差点儿说破了嘴皮，他才答应给我买那张新出的唱片。
   问：这句话是什么意思？

3. 怎么？张经理病了？上午不是还好好儿的吗？
   问：说话人是一种什么口气？

4. 你还别说，除了苹果以外，别的我都不喜欢吃，像桃子啦、西瓜啦、香蕉啦。
   问：说话人喜欢吃什么？

5. 亏你还是四川人呢，连干煸大头菜、水煮牛肉、酸菜鱼都没听说过。
   问：下面哪句话是不正确的？

6. 先吃三个疗程看看，下个月再来一次。
   问：说话人可能是做什么工作的？

7. 小李买东西的时候，要么不买，一买就是买好的。
   问：小李买东西的态度是什么？

8. 现在买车，没个十万八万的下不来。就算是分期付款，首付也要近3万。
   问：下面哪句话是正确的？

9. 昨天我刚出去应酬过，今天不想再去了。
   问：说话人不可能去哪儿？

10. 快来尝尝我这新买的面包，最新口味，过了这个村可就没这个店了。
    问：这句话是什么意思？

11. 我新买了一台二手电脑，上网速度还挺快。
    问：下面哪种理解不正确？

12. 别看上中学时我就想考旅游专业，可是上了大学化学系以后却对环境保护感兴趣，而现在我最喜欢的是经济学。
    问：说话人大学学的是什么专业？

13. 手机准是小李拿走的。小张自己有手机不可能拿，小王没有手机，可是他今天生病没来。哦，我想起来了，是小赵拿走给我充电去了。

　　问：手机到底是谁拿走了？

14. 这件大衣500块，平时买可以打9折，周末特价打7折。

　　问：星期六买这件大衣得花多少钱？

15. 看菜谱太麻烦了，今天我们吃套餐。

　　问：今天他们打算怎么吃饭？

第二部分

16. 女：买衣服应该买漂亮一点儿的，喜欢什么就买什么。

　　男：什么漂亮不漂亮的，经济实用就行。

　　问：男的买衣服的标准是什么？

17. 女：我新理的发型怎么样？我自己别提多喜欢了。

　　男：我左看右看都觉得不对劲儿，真老土。

　　问：男的觉得女的发型怎么样？

18. 女：张大爷，您买到了您想买的特价鸡蛋了吗？

　　男：差一点儿就买不上了。

　　问：男的买上特价鸡蛋了吗？

19. 女：今天都这么晚了，咱们还去吃麦当劳吗？

　　男：晚一点儿没关系，明天又不上班，咱们潇洒一回吧。

　　问：男的说的是什么意思？

20. 女：你问小李了吗？她跟小张明天和咱们一起去吃粤菜吗？

　　男：小李肯定去，小张明天有应酬。

　　问：明天几个人去吃粤菜？

21. 女：在过去的十年里，他当过导游、中学教师和公务员。

　　男：那都是老皇历了，他现在下海经商了，生意做得还凑合。

　　问：他现在是什么？

22. 女：医生，我的病得注意些什么问题？

　　男：你的肝和胆都有毛病，最好不要饮酒或吃油炸食品，另外，你还有糖尿病，绝对不能吃糖。

　　问：病人不可以吃什么东西？

23. 女：你怎么买了这么多牙膏？
    男：这种牙膏正搞活动呢，买四支赠送一个杯子。我为了这个漂亮杯子才买的牙膏。本来还想买8支呢，两个杯子，我和姐姐一人一个。
    问：男的买了多少支牙膏？

24. 女：快来帮忙，大家一起动手，边聊边干。
    男：好，这么香，什么馅的？
    问：他们可能在干什么？

25. 女：叫我说，我们今天晚上吃面条儿。
    男：昨天不是刚吃过了吗？
    问：男的是一种什么情绪？

26. 女：60块，多一块也不行。
    男：太低了，加一点儿吧。一件进价就65块，你不能让我赔本了呀。
    问：这是什么场合下的对话？

27. 女：中国烹饪有独特的菜肴审美标准，要求色、香、味俱全。
    男：是啊，这三方面结合构成视觉、嗅觉、味觉的综合艺术享受。
    问：下面哪一方面没有反映中国烹饪的审美标准？

28. 女：这些东西都是你在网上买的吗？瞧瞧，还有外国货。
    男：这样买东西选择余地大，可以反复比较，价格也很便宜。
    问：男的在哪儿买的东西？

29. 女：张老师年轻漂亮、聪明可爱，她想找一个什么样的？
    男：至少要条件差不多，当然各方面都很优秀就更好了。
    问：他们在谈论什么事？

30. 女：大夫，您看我的病应该怎么治？
    男：你这是亚健康，吃药、打针、做手术都没有用，除非改变你的生活习惯。
    问：怎样才能使她的病好转？

31. 男：你哪一天能把你这购物狂的毛病改一改啊！
    女：下辈子吧。
    问：女的是什么意思？

32. 女：今天的会你不想开了？现在还不准备去。
    男：我今天心烦，你就说我病了，去医院了，帮我请个假得了。
    问：男的怎么了？

33. 女：我这几天是吃不下、睡不着，吓得腿都软了。
    男：至于吗？不就是血压有点儿高吗？看把你吓得！
    问：男的是什么态度？
34. 男：给病人量过体温了吗？有什么变化吗？
    女：早上是39度，现在是37度5。
    问：病人现在的体温比早上下降了几度？
35. 女：你认识不认识我们办公室的张老师？
    男：他爱人还是我对象的同班同学呢，我怎么不认识他？
    问：男的是什么意思？

第三部分

36—38题是根据下面这段话：

我上学时没学过英语，所以看到别人能说一口标准的英语我就心痒，于是我也开始学英语。第一次学英语是自己买了一套《新概念英语》，书，还有磁带都买了。希望自己能自学成才——但学了大约7课左右，书就不知道放哪儿了。第二次找了个英语学校，外教一对一上课，交了一万元的学费。老师是个美国姑娘，她一句中文都不会说，我一句英语也不会说，我们俩就只好互相对着发呆了，坐在那里，心里默默地骂那个跟我说学英语要找不会中文的老师的朋友。这一次，学了大约14个小时。第三次学英语是工作需要。我扮演的是一个从外国回来的人，里面的台词有一半以上是英文。开始我头疼得要命，可是转念一想，机会好极了！一旦背下那么多台词，我的英语一定会有了不起的进步！结果，背是都背下来了，两个月的工夫，又都还给了那部电影了。

36. 下面哪句话是错的？
37. 说话人的职业是什么？
38. 关于第二次学英语，哪句话是对的？

39—41题是根据下面这段对话：
男：哎，这不是小刘吗？你最近干吗去了？
女：别提了，最近我都快烦死了。
男：怎么了？说说看。
女：你知道王军吧？就是那个和我哥关系不错的房屋装修商人。他不知道从哪里听说我要装修房子，主动联系我要给我设计施工。

男：这不是好事吗？难得有这样的朋友。

女：你倒是听我说完呀。我因为是熟人，没有多想就把装修的事交给他了。谁知道他钱一到了手，就一直拖着不开工。我三番五次找他，才勉强开始干。可是，干的活儿没法看，质量简直差到家了。你说，我这哪儿是装修，简直就是惹气嘛。这不，我还要去找他。

男：别太着急了。依我看，以后干什么都不能太相信熟人。你吃一堑，长一智，就当花钱买了个教训吧。

女：也只好这样了。

39. 女的和王军是什么关系？

40. 这段对话主要说明的是什么意思？

41. 女的现在要去干什么？

42—45题是根据下面这段话：

信用对一个人来说，是他一切美德和能力的基础，如果失去了诚信，将失去一切。人可能有许多美德：勇敢、智慧、创造力、助人、乐观等等，但如果是一个不诚实的人，说假话的人，这一切都将失去，因为基础没有了。做人是这样，开公司也是同样的道理。这些年来，我们公司一直坚持不做一分钱的假账，不欺骗他人一分钱，这使我们公司可以健康地发展十年。我们不会为了隐藏一个秘密而去行贿受贿导致白天吃饭不香，晚上睡不着觉。我们要把主要的注意力和精力放在如何选好地址，盖好房子，如何给公司和社会创造价值上。从长远来说，诚信不会让公司吃亏，反而让更多的人相信你，汇集更多的市场和社会资源，来加速公司的发展。

42. 根据这段话，人最重要的美德是什么？

43. 说话人的身份最可能是什么？

44. 关于说话人的公司，哪句话是正确的？

45. 这段话的主题是什么？

46—50题是根据下面这段话：

很多女孩子认为：花男人的钱是理直气壮的事，花不到男人钱的女儿叫"赔钱货"；花不到还要给对方花的，有个更难听的词儿叫"倒贴"。女人一旦给男人买礼物，没有接到男人的回赠就会不平衡，女孩子们的借口是为什么他从不送礼物给我呢？是他不够爱我，还是小气？不够爱我的男人让人伤心，再加上小气就更令人沮丧了!

　　我曾经把男朋友是否送我礼物当成检验爱的一个重要标志。记得第一次谈恋爱，我的生日、相识周年纪念日、情人节，甚至鬼节都要过。我觉得各种节日是和男朋友一起乐和乐和的最好理由。如果他忘了，我就会难过得要死，然后就不断回忆起各种他可能不爱我的细节，然后找借口打架，最后的结局是在对方的莫名其妙中不欢而散。

　　后来到了三十岁，我发现自己好像错了。因为我爱上了一个很少送我礼物的男人，甚至忘了各种我认为重要的日子，这个人就是我老公。哈哈，有趣吧。和他在一起，我发现原来男人和女人表达爱的方式其实是多么的不同。

　　46. 很多女孩子认为，花男人的钱怎么样？
　　47. 如果男朋友没送给说话人礼物，下面哪种说法是错误的？
　　48. 根据这段话，说话人一共谈过几次恋爱？
　　49. 关于说话人的老公，哪种说法正确？
　　50. 这段话的中心意思是什么？

第五课　爱情是什么？

听力课文

一、A君找对象

　　A君出生在普通工人家庭，中专学历，是70年代的青年。他身高一米六五，按现在的标准，是三等残废，方脸，五官端正，有一双大而有神的眼睛，论相貌，谈不上英俊，只能说是中上水平。A君从懂事的时候起，就立志要找个漂亮老婆。工作后，A君与很多姑娘见过面，他不是嫌太胖就是嫌太瘦，不是嫌太高就是嫌太矮，有些高度五官都可以，又嫌皮肤长得太黑。不知不觉A君在老家的小城镇找对象出了名，说A君这个人太挑三拣四了，后来姑娘都不愿与他见面了。一晃六七年过去了，年龄已到了三十，A君想，要想找漂亮的老婆已经相当困难了，还是降低标准吧。不求对方漂亮，只要有中上水平就可以。A君的亲戚、朋友为他四处打听，这次轮到他被挑了，年龄、学历、家庭条件、工作地点没有不被挑到的。因此，A君想要找一个相貌中上的女子也够呛了。转眼间A君年龄已三十有三，这下他坐不住了，男人过了三十五，找对象就会难上加难。A君下定决心，在三十三这年一定要把个人问题解决掉，于是找对象的条件急剧下降，相貌一般的或中下水平的姑娘都可以。最后终于等到了一个29岁，同样是挑了一圈儿没挑到意中人的W小姐。A君终于结婚了，在结婚典礼上既高兴又悲哀，高兴的是这多年孤独的生活终于结束了，悲哀的是最终还是没有娶到理想的老婆，早知这样还不如早点儿结婚，A君似乎感到了有些后悔。

二、大学生的恋爱观

最近，中新网对部分高校大学生的恋爱观进行了一项调查，调查表明，大学生恋爱最看重的不是经济能力和社会地位，而是个性和能力。

以前很多人认为大学生谈恋爱就像孩子过家家一样，大多是闹着玩儿的，只不过是为了解除寂寞，但调查表明，60%的大学生谈恋爱是为了寻找终身伴侣。虽然因为年轻人各方面还不固定的缘故造成大学生恋爱成功率比较低的现象，但抱着寻找刺激或谈着玩儿的心理恋爱的大学生不占多数。

对自己喜欢的异性类型，女生中选择对方活泼健谈的占10%，成熟型的占17%，风趣幽默的占20%，关怀体贴的占18%，浪漫有情调的占16%，另外也有人喜欢沉默型的、有学问型的等等。男生则更看重对方是否温柔贤惠、活泼大方、具有家庭观念等。另有部分男生喜欢独立性强、有能力的女性。无论男生女生，都最注意对方的性格和人品，在意相貌身材的只占10%。而在所有接受调查的学生中，无人认为谈恋爱要考虑对方的家庭背景。

在对待恋爱的态度上，65%的学生认为恋爱与学习可以互相促进，仅有16%的人认为会互相干扰。在分手问题上，绝大多数人认为自己可以勇敢面对、友好分手，只有6%的人会选择报复，6%的人表示绝对不放弃。这充分显示出大学生在爱情问题上的理智态度。

对网恋的看法，一般人认为大学生更容易网恋，但调查结果显示，50%的大学生不相信网恋，认为不真实；而相信网恋和认为不确定的比例各占25%。

第六课 就业的路有多长

听力课文

一、找工作

在北京工人体育馆门口，张永强揣着厚厚一沓简历，早早地等在那里。张永强家在遥远的甘肃，去年从北京一所高校毕业后，没有找到满意的工作，又不愿意回老家，选择了把档案暂时寄存学校两年，继续找工作。"我现在是失业青年，而且没有失业保险金，连下岗职工都比不上。"张永强苦笑了一下说。

严格地讲，在毕业后的这一年里，张永强也做过一些工作，比如保险推销员、药品推销员，但最长不超过两个月。最困难的时候他还到建筑工地当过小工，可挣的钱太少，连自己的嘴都喂不饱。现在他的生活费主要靠父母寄来，偶尔自己做做家教补贴一点儿。失业的时间越久，张永强内心就越焦虑："我不知道自己能做些什么。毕业就失业，好像这个大学白上了，白花了家里那么多钱。"在东游西逛找工作的过程中，张永强充满了失落感。一个人，在城里无依无靠，找工作到处碰壁。女朋友是别想了，就连住的地方也不稳定，三天两头被房东逼着搬家，想想都不知明天的日子该怎么过下去。

其实，张永强的境遇并非偶然。过去提到失业人员，人们往往会想到下岗职工。而现在，另一个失业群体在逐渐扩大，他们是城市里的年轻人，初中毕业、高中毕业，甚至大学毕业后加入失业者的行列。大量年轻失业者的出现给社会增加了不稳定因素，也造成了人才的浪费。因此，加强大学生的就业指导，使他们在大学期间就有自己的就业方向，并为此做好准备，这是大学教育中应该引起重视的一大问题。

二、青年就业状况

2005年5月20日，中国首次公布了青年就业状况调查报告。这次调查是由全国青联及劳动科学研究所联合进行的，采取抽样问卷方式，共选取了大连、天津、长沙和柳州四个城市7000名青年和220个企业，调查对象为18~20岁的青年以及他们的雇主。

报告指出，中国每年新增劳动人口都在2000万上下，其中青年占80%以上。另一方面，由于青年缺乏工作经验，在劳动力市场上竞争力不强。在劳动力市场供大于求的情况下，青年就业问题越发突出，青年的失业率高于平均数。

有关专家认为，每年有很多大学生没能踏上工作岗位，这是人力资源的浪费。目前，国家的人力资源市场有很多障碍，限制了青年的就业选择。专家指出，大学生本来具有创业的优势，他们如果自主创业，不但可以解决自己的工作问题，而且可以为社会创造更多的就业岗位。

现在全社会应该关注大学生创业问题，考虑怎样为他们创造有利的创业环境，政府如何制定好的政策，企业如何为大学生提供实习岗位，帮助他们积累社会经验。政府、社会、企业应该联合起来，为大学生创业提供更多的便利条件。

第七课　悠着点儿，别累着

听力课文

一、长假前夜

下班的铃声刚一响起，同事们便纷纷地离开了，走廊上传来他们欢快的笑声。透过玻璃窗看到他们一脸轻松地离开公司，我心里羡慕极了。再回头看看办公桌上那一堆堆的文件，我连喘口气的时间都没有。身为总经理的我，必须在今晚把下个月的生产计划发给总部。我无奈地叹了叹气又把头埋进了那一堆文件中。

终于将计划整理完毕，我轻轻地松了一口气，站起身来，伸了一个懒腰，再看窗外，除了闪亮的路灯，便是偶尔几辆来往的汽车，看看表才知道现在已近凌晨了。

回到家中，我毫无力气地躺在床上，却怎么也不能入睡。此时此刻真希望妻子能在身边陪伴，可是她却再也不会回到我的身边。我们曾经那么相爱，那么幸福，可是自从我坐上总经理的位置之后，日夜的忙碌和应酬使我们的距离越来越远。她说我是工作狂、机器人，而我坚信有了一定的物质基础才能有稳固的婚姻，我不断拼搏奋斗，拥有了别墅、汽车，然而却永远失去了她。

明天就是五一了，一个星期的长假就在眼前。每天繁重的工作使我忙碌，也使我麻木，每一个夜晚总有考虑不完的工作，每一个明天总有做不完的事情，可明天呢？明天我休息，虽是盼望已久的假日时光，可心里却突然感觉空落落的。猛然停下匆忙的脚步，好像汽车紧急刹车，没有了方向，于是从这一刻起，我又渴望工作了。

◎ 二、疲劳，不可忽视的亚健康 ◎

当今社会是信息万变、知识爆炸的时代，人们处在激烈的竞争中，工作和生活的节奏明显加快，疲劳也就容易产生。有专家指出，疲劳，特别是脑力疲劳，是21世纪危害人类健康，导致亚健康的一个不可忽视的重要因素。长期的疲劳不仅可以使人得病，严重者还会导致死亡。因此，消除疲劳，特别是脑力疲劳，对人们来讲显得尤为重要。

如果人们能够在工作之余适当参加一些娱乐活动，坚持体育锻炼，保证充足的睡眠，保持一种有规律的生活节奏，则可以缓解各方面的压力，减轻疲劳感。特别是在连续一星期的紧张工作、学习之后，人们应学会强迫自己放下手中的工作，同家人，或者同事、朋友尽情地娱乐一下，享受生活，使身心得以调整。对于那些事业心强，工作节奏快的科技工作者而言，更应该注意调节工作与休息的关系，劳逸结合，以避免过度疲劳而导致亚健康发生。

回顾与复习二

一、听一听

第一部分

1. 小王觉得这件事没什么了不起的，其实这件事可真不是闹着玩儿的。
   问：这件事怎么样？

2. 差五分钟下课的时候我就坐不住了,因为再过十分钟我就要去约会了。
   问:约会的时间是什么时候?
3. 李丽挑三拣四总算找到了自己的意中人,可是她妈妈说那位简直是个三等残废。
   问:李丽的那位怎么样?
4. 本来要完成这些任务就够不容易的了,要是再加上时间限制,那就更是难上加难了。
   问:这些任务能完成吗?
5. 时间要是可以往回走二十年,你还是人见人爱的班花。
   问:说话人是什么意思?
6. 在小王眼里,大学生谈恋爱都是小孩子过家家。
   问:小王怎么看待大学生谈恋爱?
7. 昨天已经说好的事今天看起来又够呛了。
   问:这件事怎么样了?
8. 这种好事轮也应该轮到我了吧?
   问:说话人是什么态度?
9. 原来的打算确实是捡了芝麻丢了西瓜,幸亏你及时提醒了我。
   问:说话人发生了什么事?
10. 自己开一家商店多累啊。可是下岗了有什么办法呢,我一咬牙,索性自己干了。
    问:说话人为什么自己干?
11. 我就不信你的英语水平连三岁的孩子也比不上。
    问:这句话是什么意思?
12. 这样的累活儿没人愿意干,可不干连嘴也喂不饱啊!
    问:说话人为什么干这个工作?
13. 你要是对单位不满意可以跳槽,别整天在这里混日子。
    问:说话人是什么意思?
14. 小孙这几天美滋滋的,听说是捧上了金饭碗。
    问:小孙怎么了?
15. 还没等我松口气,王局长就让李科长通知田主任给我布置了新的工作。
    问:谁给我安排了新的工作?

第二部分

16. 男：王玲结婚后真的过起了相夫教子的生活。
    女：也许是远离了商场的竞争吧。
    问：王玲结婚后干什么？

17. 男：听说你妹妹生孩子了？男孩儿还是女孩儿？
    女：本来说是个千金，结果最后抱出来个胖小子。
    问：女的妹妹生了什么？

18. 女：这种事你不能看着不管，否则下次他们就更不听你的了。
    男：我不是拉不下面子来嘛！
    问：男的为什么不管这件事？

19. 男：祝贺你终于实现了自己的梦想。
    女：过去的已经过去了，我要做好从零开始的准备。
    问：女的是什么意思？

20. 男：本来想今年结婚，可看来又得延期了。
    女：一次次地拖着也不是个事儿啊。
    问：女的对这件事是什么态度？

21. 男：我妻子生病住院了，可一想起她对我的态度我就不想去看她。
    女：不管怎么说，她好歹是你妻子呀！
    问：女的认为男的应该怎么做？

22. 女：你就不能拉着我的手走路吗？
    男：你没看见周围有一百双眼睛盯着我们吗？
    问：男的为什么不拉女的手？

23. 女：我妹妹今年30岁了，可还没有男朋友。
    男：是吗？天下的男人真是都瞎了眼。
    问：男的认为女的妹妹怎么样？

24. 男：拿这么多东西干什么？只不过出去两天嘛。
    女：有备无患嘛。
    问：女的为什么拿很多东西？

25. 男：前些天我去一家小诊所买了一些药，结果病更厉害了。
    女：你要是早来一周就好了。病了虽然难受，也不能病急乱投医啊。
    问：女的是什么意思？

26. 男：这件事你们必须抓紧时间做好，否则后果很严重。
    女：我们也想做好，可从哪儿下手呢？
    问：女的是什么意思？

27. 男：这几天我真是太高兴了，我的梦想终于实现了！
    女：看你乐得跟个神经病似的。
    问：女的是什么态度？

28. 男：都快六点了，怎么饭菜还没准备好？真是的！
    女：你不知道我这几天身体不舒服吗？真是没心没肺的。
    问：两人最可能是什么关系？

29. 男：我一看张挺的样子就生气，这样的人怎么还没进去？
    女：你总是戴着有色眼镜看人。
    问：女的是什么意思？

30. 男：我太爱小丽了，我这辈子一定要和小丽结婚。
    女：你就死了这条心吧。
    问：女的是什么意思？

31. 男：我委托你办的事你是不是已经忘到脑后了？
    女：哪儿能呢！
    问：女的是什么意思？

32. 男：我一周除了星期天以外天天坐在电脑前，因为好多家杂志都等着我的稿子。
    女：那你的收入就可想而知了。
    问：男的最可能是什么人？

33. 男：我听说最近出了一种药可以缓解疲劳，促进睡眠。
    女：我看你还是应该劳逸结合。
    问：女的觉得男的应该怎么样？

34. 男：我再也不想和王林说话了！
    女：有意见归有意见，话还是得说。
    问：女的有什么建议？

35. 男：我瞎忙了几十年，到现在媳妇儿还不知在哪里呢。
    女：你要是信任我，这事儿包在我身上。
    问：女的要干什么？

第三部分

36—38题是根据下面这段对话：
    男：我最近体重急剧下降，每天工作时都累得够呛，你说我是不是得了什么不治之症？
    女：这种话可不好随便说，这不是闹着玩儿的事。我觉得你可能还是过度疲劳，要不就是身体的某个地方出了点儿小问题，我建议你还是去医院检查一下，否则心里会不踏实的。
    男：是应该好好查一下，省得我胡思乱想的。可我妻子嫌这儿的医院条件不够好，非让我去北京不可。出去一趟太麻烦了，所以我磨磨蹭蹭地一直没去。
36. 男的最近怎么了？
37. 女的觉得男的怎么样？
38. 男的为什么没去检查？

39—41题是根据下面这段对话：
    男：我说，你就不能打扮得年轻点儿吗？整天不是黑的就是灰的，你不嫌烦吗？
    女：我就知道你现在看我不顺眼，谁让我已经变成黄脸婆了呢！
    男：每次一说你你就这种态度，和你交流真是难上加难。就算我没说过。
    女：哟，生气了？我这不是和你闹着玩儿吗？你怎么当真了？好好好，听你的，以后我也打扮得跟小姑娘似的，行了吧？
    男：什么行不行的，你自己看着办吧！
39. 女的觉得男的为什么给自己提意见？
40. 女的看男的生气后有什么表示？
41. 男的最后的话是什么意思？

42—43题是根据下面这段话：
    很多人整天忙忙碌碌地工作是为了自己和家人有一个更美好的未来。可是，在拼搏过程中他们忽略了对家庭的关心，缺乏和亲人之间的交流，最后，当他们事业成功之时，才猛然发现，自己的心已经变得比较麻木，和家人之间越来越远，自己仿佛是家庭之外的毫无意义的人，这时心里难免觉得空落落的，感到人生的无奈和悲哀。

42. 很多人为什么努力工作？

43. 关于这段话，下面哪个说法是不正确的？

44—46题是根据下面这段对话：

女：万林，你怀揣着三个资格证书给别人打工，拿着少得可怜的薪水，不觉得委屈吗？干脆自己办个公司算了。

男：我何尝不想单干呢？可现在一没有资金，二没有足够的经验，即使勉强开了公司也得处处碰钉子，还不如先积累积累经验，把基础打得稳固一点儿，再考虑以后的事。

女：也是，不说别的，单干三天两头往外面跑就够呛。现在虽然有很多不如意的地方，但好歹也是个铁饭碗啊！

44. 女的开始对万林现状的想法是什么？

45. 男的是怎么打算的？

46. 女的最后是怎么想的？

47—48题是根据下面这段话：

在招聘职员时，哪家用人单位不想找到既踏实肯干又有能力的职员呢？可现实却并不让人满意。有些求职者虽有专业上的优势，可缺乏创造力，无法满足用人单位发展自我的需要；有些求职者频繁地跳槽，使用人单位怀疑其忠诚度；有的根本不想吃苦，只想混日子，拿高薪。难怪一位常常主持面试的主考官感叹道："都说用人单位门槛儿高，其实这些门槛儿不是我们设的，是求职者自己为自己设下的障碍啊！"

47. 关于这段话，下面哪个说法是正确的？

48. 主考官最后的话是什么意思？

49—50题是根据下面这段对话：

男：你怎么选择这么个冷门专业？将来别说金饭碗，可能连饭也吃不上。

女：爸，我觉得您说得太严重了。这是我的爱好，人不能光为了钱而活着吧？

男：我倒不是指望你将来成什么大款，但总不能连自己的嘴也喂不饱吧？
女：您就把心放到肚子里吧，您还不相信您女儿的能力吗？
49．男的对什么很担心？
50．关于这段对话，下面哪个说法是不正确的？

第八课　善待你的钱包

听力课文

◎ 一、换车一族 ◎

今天是星期天，天气晴朗，我的心情也格外舒畅，因为我终于买了一辆新车。

其实，这半年，我做梦都想买一辆新车，可是我那位老婆大人就是不同意，求了她好几次，人家一直不松口。她总是说我那辆车才开了两年，还能再凑合几年。她哪里知道我的心思呢。这车我只开了两年不假，可是它本来就是辆二手车，早就该换了。你们不知道，前几年，社会上流行买私家车，我的心也挺痒痒的，最后决定贷款买辆二手车，后来我用了一年就提前还清了贷款，可到头来，这车却怎么看怎么不顺眼。今年，我们单位的同事一个个都换了新车，什么奥迪、宝来、帕萨特，只有我这个财务部经理的车档次最低。说真的，我自己倒没什么，换不换都无所谓，可是每当跟外商谈判的时候，总是开一辆老掉牙的桑塔纳，真觉得不够气派，所以，我下定决心换车。

为了换车，我一直做老婆的工作，甚至保证以后家里买菜的事由我全包，最后，好说歹说，老婆才点头答应。昨天一清早，我迫不及待地爬起来，兴冲冲地把车开到二手车市场卖了，又加了七万块钱，立马从旁边的汽车市场开回来一辆新车。这不，门外那辆崭新的别克就是我的。你还别说，前一阵子逛车市，还真长了不少知识。以前我贷款买车的时候，二手车市场哪儿有这么红火，就过了这么几年，现在竟然火得不得了。很多人，特别是年轻人，喜欢超前消费、贷款买车。我猜啊，等有了钱以后，他们也会像今天的我一样变成天天开新车的"换车一族"。

二、中国社会消费的变化

改革开放以来，随着社会的进步和经济的发展，中国人的生活水平不断提高。从摆脱贫困、解决温饱到基本上实现小康。短短的二十多年，人们的腰包越来越鼓，生活发生了翻天覆地的变化。消费观念、生活方式也随之改变，逐步由温饱型向享受舒适型过渡。吃讲营养，穿讲漂亮，住讲宽敞，用讲高档已成为多数市民的追求。

在20世纪50年代到70年代，当时消费水平基本上是"十元级"和"百元级"，大衣柜、自行车、缝纫机这"三大件"是当时最紧俏的商品。从80年代到90年代中期，中国城镇居民家庭的"三大件"变成了冰箱、彩电、洗衣机，消费水平属于"千元级"。90年代后期一直到现在，消费结构再次升级，主要标志是家电在农村普及，电脑、房子、轿车这"新三大件"逐步进入城市家庭。即农村从"百元级"向"千元级""万元级"消费发展；城镇从"千元级"向"万元级""十万元级"消费发展。

然而，让我们担忧的是，生活水平提高了，可有些人的消费观念并没有成熟起来，不文明的消费习惯仍然大量存在，比如：结婚大操大办、请客大吃大喝、人情消费负担过重、浪费惊人等等。有关专家认为，这些不良的消费习惯将会逐渐被适度消费、文明消费和理性消费所取代。

第九课　多个朋友多条路

听力课文

一、我的人际交往

我是个刚刚走出大学校门不到一年的年轻人。在大学里的七年，每天除了教室—宿舍—食堂三点一线的生活外，就是偶尔跟班上的朋友们一起吃个饭，和以前高中的同学聚个会，和社会基本上没什么接触。当然，也不是所有的人都跟我似的，我们有些同学的社交生活就挺丰富的，认识的人也比较杂，交往面比较广。我的性格有些内向,加上学校里也用不着非得和很多人来往,我也就没必要勉强自己了。可工作后情况完全不同了。在公司里,上有领导,中有顶头上司,下有同事,谁都要去接触,都要去适应,否则落下个孤僻的名声以后就不好相处了。另外,我在销售部工作,为了开辟市场,我得不停地和老客户应酬,找新客户培养感情,哪一个我都得罪不起,都得陪着笑脸打交道。开始时一起坐下吃饭我都不知说些什么,常常冷场。可想想,这样每次都让客户很扫兴,我的销售任务肯定完不成,我必须得改变自己。打那以后,我广泛地搜集笑话、短消息、幽默故事,吃饭时硬着头皮给别人讲。开始别人没感觉,只是礼貌性地笑几声,慢慢地,我找到了逗别人开心的窍门儿,每次吃饭都能把一桌人哄得高高兴兴的。连领导出去应酬也喜欢带着我,因为可以活跃气氛。从此以后,我的交往圈子越来越大,和人交往时的心理障碍也没有了。公司上下、内外对我一片好评,不到一年我就升任了销售部经理。我真正认识到良性的人际交往对一个人的事业起着至关重要的作用。希望大家都建立起自己良好的人际交往圈子。

◎二、渴望轻松的人际关系◎

　　近日,上海青年报对一万余名30岁以下的年轻人进行了一项有关人际关系的调查。六成受访者主要的交往对象是以前的同学,三成受访者主要通过网络交友,另外注重与领导和同事的沟通、通过车友会等方式跟与自己的工作毫无关系的人交往也是一部分人的选择。

　　通过调查发现,人们对人际关系的含义有不同的理解。一种观点认为人际交往就是拉关系、走后门,为自己实际的利益服务,是一种应该排斥的不正常社会现象。另一种观点则认为,人际交往就是要培养与他人的沟通能力,是应该大力提倡的事情。无论持哪种观点的受访者都渴望轻松的人际关系,不希望过多的交往带给自己太大的压力。

　　在调查中还发现,办公室的人际关系是年轻人最大的困扰。46.7%的受访者与同事的关系出现过问题,与老板出现交往困难的占46.3%。相比之下,只有极少数的人和同学、朋友的沟通出现障碍。大家都觉得和同学的交往更为容易、更为放松。当与领导或同事发生矛盾时,21%的人选择了争吵,46%的人选择了沉默，12%的人甚至为此辞职。只有不足6%的人选择了去沟通。由此可见，处理办公室人际关系的有效方法还不为大多数人所了解。

第十课　我的未来不是梦

听力课文

◎一、幽兰的人生目标◎

幽兰，女，今年28岁。其实，她本来姓唐，幽兰是她的笔名。幽兰在六个月大的时候，因打针导致双耳失聪，从此她便生活在一个无声的世界中。但她并没有因此放弃对美好生活的向往和追求，反而通过不懈的努力，实现了一个又一个的人生目标。

成为一名大学生，是幽兰的第一奋斗目标。为了这一目标，她成功克服了耳聋的巨大障碍。从小学到高中，她的成绩在班里一直名列前茅，是全校出了名的高才生。在紧张的学习之余，她还挤出少得可怜的时间照顾长年有病的邻居张大妈。高考时，她以高出全国重点院校录取分数线44分的好成绩考取了北京大学信息系，圆了自己的大学梦，但她并没有放慢追求的脚步，1998年她以全班第二的优异成绩获得了学士学位；2005年8月又以优异的成绩拿到了南开大学硕士学位。现在她又站在了人生新的起跑线上，开始向自己人生的第三个目标——"博士梦"冲击。目前，幽兰正在南京大学残疾人社会保障专业攻读博士学位，她正迈着坚定的步伐向新的目标前进……

幽兰的事迹在社会上引起了强烈的反响。面对来自社会各界的赞美，幽兰说："我只是做了我想做的事情。残疾人和正常人一样，都需要证明自己存在的价值。"当被问到博士毕业后有什么打算时，她说："中秋节过生日的时候，朋友们让我许个愿，我的愿望是将来能到国际残疾人联合会去工作，那样就可以帮助世界上更多的残疾朋友。"淡淡的微笑中，幽兰又为自己立下了人生的又一个奋斗目标。

二、关于中国人梦想的调查

最近人民网进行了一项调查,调查的题目是:中国老百姓心目中最大的梦想是什么?在一万个被调查者中,51%的人把"赚更多的钱"作为最大的梦想;16%的人梦想"周游世界";13%的人梦想"开名车",德国的奔驰车和宝马车是他们的最爱;10%的人希望"住别墅",但在大城市,拥有一套三室一厅的房子,得花去很多人一辈子的积蓄。另外,还有人梦想"做老板""买彩票中大奖""找个理想的恋人""朋友遍天下"等,这些人一共占9%。而"博览群书"这一项,占被调查者的1%。在这项调查中,有两点让我们感到比较意外,一是最多的人选择"赚更多的钱",二是最少的人选择"博览群书"。为了找出答案,我们详细阅读了被调查者的留言板后发现,很多人之所以把"赚更多的钱"作为第一选项,最大的理由是:有了钱,就有了一切。而令人吃惊的是,大部分人不选择"博览群书"的理由竟然是"没有时间"。这项调查得出的结论是:在现代社会,人们过于关注物质享受,而忽视了精神需求。人们只知道"没有钱是万万不能的",但忘了这句话的前一句"金钱不是万能的"。这种观念的变化不能不引起我们的深思。

回顾与复习三

一、听一听

第一部分

1. 他说看我面熟,可我以前压根儿就没见过他。
   问:说话人是什么意思?
2. 我费了吃奶的劲儿好不容易在那个有名的大公司里站住了脚。
   问:这句话是什么意思?
3. 我俩不是你们说的死对头,而是名副其实的"铁哥们儿"。
   问:他俩是什么关系?

4. 萝卜白菜，各有所爱，我大学同学找的对象也各行各业都有。
   问：这句话说明什么？
5. 你说马克呀，他可了不得，不但汉语说得好，还是我们班里数得着的"中国通"呢！
   问：下面哪句话是不正确的？
6. 没有玛丽这个"金嗓子"出场，明天的联欢会还能叫联欢会？
   问：下面哪句话是正确的？
7. 我承认教授、律师和主持人这几份职业都很吃香，可对我来说，要是也选择这些职业，那不可惜了我这苗条的身材了吗？
   问：说话人可能喜欢什么职业？
8. 在总经理眼中，他可是个人物，不但会办事，嘴还甜得很，红得发紫当然就不足为怪了。
   问：下面哪句话是不正确的？
9. 我本想乘坐晚上八点的航班飞往东京，但是计划没有变化快，看来想不坐船都不行了。
   问：他今天怎么去东京？
10. 你们别看我现在挺阔气，我以前刚来北京的时候可是受尽了白眼。
    问：这句话说明什么？
11. 我跟小李不一样，没准儿的话从来不说。
    问：下面哪句话是正确的？
12. 今天工作不努力，明天努力找工作，不听我的话，将来你哭都来不及。
    问：说话人认为对方将来可能会怎么样？
13. 你如果再欺负我弟弟，我会让你吃不了兜着走，不信走着瞧。
    问：这句话是什么意思？
14. 这不是以前的那个"丑小鸭"王晓梅吗？没想到就这么几年，竟然出落得这么漂亮，真是"女大十八变"啊。
    问：关于王晓梅，下面哪句话是错误的？
15. 这次比赛，中国队大败意大利队，爆出了本届四国赛的一大冷门儿。
    问：下面哪句话是错误的？

第二部分

16. 女：小张，最近忙吗？
    男：哎，怎么说呢，反正加班加点是家常便饭，你说忙不忙？
    问：关于小张，下面哪项是正确的？

17. 女：唉，我那孩子，给他钱让他去买运动服，他却买了一件破得不能再破的牛仔裤回来，真拿他没辙！
    男：至于生那么大的气吗？你是你，孩子是孩子。
    问：男的意思是什么？

18. 男：哎，小王，你理想中的职业是什么？
    女：在我看来，世界上没有比"白衣天使"更有意义的职业了。
    问：女的是什么意思？

19. 女：你们这个品牌的电视机卖得怎么样？
    男：那还用说吗？就是牌子硬。
    问：男的觉得这个牌子的电视机怎么样？

20. 男：这破手表，时走时停，不知道修了多少次。我再也不买名牌了。
    女：我当时说你什么来着？那么便宜能是名牌？
    问：这段话告诉我们什么？

21. 女：哥哥，我朋友给我介绍了一个公司职员，明天我们第一次见面，你能不能跟我去，帮我参谋一下？
    男：就你这条件，要模样有模样，要身材有身材，你至于吗？我建议你呀，明天该干吗干吗去。
    问：哥哥是什么意思？

22. 女：老王不是想让孩子出国留学吗？不知道现在怎么样了？
    男：唉，别提了，老王得的那场大病使一切都成了泡影。
    问：老王的孩子怎么样了？

23. 女：我们乡镇企业的待遇哪能跟你们外企比呢？难怪那么多人喜欢跳槽到外企呢！
    男：可是我们的压力谁能体会到呢？
    问：男的是什么意思？

24. 男：最近一提工作我就来气，好好的一个工厂，眼看着就要被几个外行搞垮了，太让人上火了。
    女：上什么火，树挪死，人挪活，不行就跳槽。
    问：女的建议男的干什么？

25. 男：孩子，上了大学以后，能不能继续保持高中时班级前三名的好成绩，就看你的了。
    女：爸爸，您就把心放在肚子里，等着瞧吧。
    问：孩子对爸爸说话时是什么语气？

26. 女：小刚，怎么逛了一天还没买到衣服？是款式太单调还是价钱太贵？
    男：价格倒没什么，就是款式太多，挑花眼了，明天再跟我姐姐一块去，让她帮我参谋参谋。
    问：男的明天为什么要跟姐姐一块儿去买衣服？

27. 男：妈，今天我跟同事吵了一架。
    女：你这孩子，在单位哪能由着自己的性子来，在家里是公子，在外面可不能这样，你得跟自己的同事打成一片，不然的话，你能有威信吗？
    问：从对话中我们可以知道什么？

28. 男：王婶，你儿子在人际交往方面有没有什么障碍？
    女：看你说的，什么障碍不障碍，我只知道我那帅儿子很有女人缘。
    问：王婶的话是什么意思？

29. 女：我说王老师，我那孩子花起钱来手特松，眼都不眨一下，好像那钱是从天上掉下来的似的。我真拿他没辙。
    男：哪能由着他的性子来？
    问：男的是什么意思？

30. 女：说起小王那两口子，真有意思，结婚没几天就闹离婚。昨天我们几个人好说歹说，劝了半天他们才没离。可今天他们又去法院了。
    男：依我看呐，两个人如果互相看不上眼，那不如干脆离了算了。
    问：男的是什么意思？

31. 女：他爸，你这人也太那个了，你想去旅游你就明说，别让孩子哭哭啼啼地闹。

男：你在说什么？哪儿是那么回事呢！不瞒你说，我倒没什么，去不去都无所谓，关键是孩子想去，我只能让他去求你了。因为咱家的事，我根本就说了不算。

问：关于对话，下列哪项是错误的？

32. 女：小刘，你和女朋友打算什么时候结婚？

    男：我早就想结婚了，可人家一直不松口，说什么自己年龄还小，等几年再说，我能说什么？

    问：根据对话，下列哪句话是正确的？

33. 女：老王，人家都买车，你难道没什么想法？

    男：不瞒你说，我的心也痒痒，可谁愿意借钱给我？

    问：关于这个对话，下列哪句话是正确的？

34. 男：晓岚她丈夫那个人怎么样？

    女：那个人哪样都好，就是太抠门儿。

    问：根据对话，晓岚的丈夫有什么特点？

35. 女：今天的气温是零下13度，弄不好晚上会有一场大暴雪。你最好请个假去接孩子。

    男：放心吧！我正在去幼儿园的路上呢。你下班早点儿回家，走路小心点儿。

    问：下面哪句话是不正确的？

第三部分

36—37题是根据下面这段对话：

女：经理，对不起，我把那个蓝花的盘子打碎了。

男：你看你，总是这么毛手毛脚的，真气死人了。

女：不就是一个盘子吗？赶明儿我买一个赔你就是了。

男：你以为你赔得起吗？这种明代的瓷器在市面上根本找不到第二份。

女：瞧您说的，也太夸张了吧？您还真以为那个盘子是古董啊？

36. 女的是什么态度？

37. 关于男的所说的话，下列哪项是错误的？

38—40题是根据下面这段话：

日本一家调查机构昨天公布的一份调查称，日中两国青少年女性的职业理想存在巨大差异。这项调查于今年夏季在东京和上海展开，调查对象为日中各2000名女性青少年。调查中，日本女孩的前三个理想职业是家庭主妇、空姐和儿童保育员。中国16至19岁女性青少年的前三个理想职业包括公司CEO、部门经理和教师。这项调查的结果表明，在日本经济不十分景气的背景下，日本青少年追求稳定的愿望十分强烈，而中国的青少年则追求变化甚至高升。据联合国报告称，女性在社会上的重要性方面，日本排名位居世界第43位，中国则排在第36位。因此，联合国有关专家称：妇女是日本利用率最低的资源。

38. 关于这项调查，下列哪项是错误的？
39. 这项调查是在哪两个城市展开的？
40. 日本青少年追求稳定的愿望十分强烈，短文中提到的原因是什么？

41—43题是根据下面这段话：

最近，中国首家专业女性消费指导机构发布了"中国8大城市女性消费状况"调查结果。这次调查的对象是20岁至70岁的女性。调查结果表明，在中国城市女性中，30到40岁的女性是最具购买力的消费人群。

调查显示，这一年龄段女性消费的一大亮点是健身消费越来越高。数据表明，30至40年龄段的女性，今年健身的人均支出为人民币800多元。

另外，调查还显示，未婚女性今年用于自己的最大一笔支出是"旅游"，其次是"购买电脑"，第三位是"购买手机"，排在第四和第五位的分别是"充电学习"和"购买化妆品"。而在已婚女性中，今年用于家庭最大一笔开支是"买房"，其次是"大件电器"，第三位是"装修"，排在第四和第五位的分别是"孩子的教育费用"和"投资"。本次调查得到的一个最有意思的结果是，77.3%的已婚女性决定着家庭"吃""穿"以及"日常用品"的选择和购买。

41. 这次调查显示的最具购买力的消费群体是哪一个？
42. 调查中，未婚女性的消费结构由多到少依次是什么？
43. 这次调查最有意思的结果是什么？

44—47题是根据下面这段话：

我喜欢交朋友，对"交朋友"这个话题最有发言权。记得上高中时，我什么人情世故也不懂，只知道朋友多比少好，不管对方人品好坏，一概来者不拒。最后交了不少不三不四的朋友，时间和精力搭上不少，学习的事情却全忘在脑后，成绩由原来全班的名列前茅变成了中游。后来，是父母和老师的及时劝告，才让我明白并不是每个人都可以做朋友。到了大学以后，我的朋友圈子越来越大，但是跟高中不同的是，除了有一般意义上的朋友以外，我还有一些特殊的朋友，他们是我的几位同学，性格都比较孤僻，非常需要心理上的帮助。通过我的积极沟通，几年下来，他们的性格完全变了，也喜欢跟周围的人交流了。而我呢，也觉得自己做了一件很有意义的事情。毕业后，我在一家外企的人力资源部工作，我的那些好朋友，不但跟我有联系，而且他们当中很多人还是我们公司的老客户呢！

44. 上高中时，说话人交朋友存在什么问题？

45. 上大学以后，说话人交朋友的特点发生了什么变化？

46. 关于说话人，下列哪项是错误的？

47. 说话人跟大学的几位同学的关系，下列哪项是正确的？

48—50题是根据下面这段话：

小李今年25岁，大学毕业分配的时候通过老爸走后门分配到政府机关工作，一开始，工作不很忙，上班比较自由，每月上千块的薪水，单位还时不时地发一些"取暖费""过节费""降温费"，虽然不多，但小李很知足。可时间一长，他开始不满起来，老是拿自己跟外企白领比，感觉自己怎么看怎么不像白领，单位里那群大叔大婶也怎么看怎么不顺眼。三年后，一个偶然的机会，他被聘为一家外企的员工。从此以后，小李就忙起来了，加班加点是常事，拼命干了一个月，拿到了5000块的薪水，他心想，还行，到底是外企，比在机关的时候多多了。可是外企规定，员工必须注意形象，否则会被老板炒掉，于是他穿名牌，用名牌，每天打车上下班，很快薪水就花得差不多了。一年下来，钱没存多少，体重却轻了不少。他不禁暗暗地问自己：我这次跳槽，跳对了吗？

48. 关于小李在机关工作的情况，下列哪句话是正确的？

49. 小李在外企第一个月的薪水主要花在哪个方面？

50. 现在小李对自己跳槽这件事所持的态度是什么？

词汇索引

A

挨个儿 āigèr ·············· 2
昂贵 ángguì ·············· 4

B

把脉 bǎ mài ·············· 4
白 bái ·············· 6
白领 báilǐng ·············· 10
白眼 báiyǎn ·············· 10
白衣天使 báiyī tiānshǐ ·············· 10
摆脱 bǎituō ·············· 8
班花 bānhuā ·············· 5
保障 bǎozhàng ·············· 10
悲哀 bēi'āi ·············· 5
便秘 biànmì ·············· 4
别墅 biéshù ·············· 7
博览群书 bó lǎn qún shū ·············· 10
补贴 bǔtiē ·············· 6
不懈 búxiè ·············· 10
不由自主 bù yóu zì zhǔ ·············· 8
不足 bùzú ·············· 1

步伐 bùfá ·············· 10

C

彩票 cǎipiào ·············· 10
参谋 cānmou ·············· 10
蹭饭 cèng fàn ·············· 1
超前消费 chāoqián xiāofèi ·············· 8
超重 chāo zhòng ·············· 4
扯 chě ·············· 1
沉默 chénmò ·············· 2
撑 chēng ·············· 3
吃不消 chībuxiāo ·············· 3
吃苦头 chī kǔtóu ·············· 9
吃一堑，长一智 chī yí qiàn, zhǎng yí zhì ·············· 2
抽空 chōu kòng ·············· 1
抽样 chōuyàng ·············· 6
揣 chuāi ·············· 6
纯 chún ·············· 9
匆忙 cōngmáng ·············· 7
从事 cóngshì ·············· 1
凑合 còuhe ·············· 8

D

搭配 dāpèi ………………………… 3

沓 dá ……………………………… 6

打发 dǎfa ………………………… 5

打气 dǎ qì ………………………… 6

打肿脸充胖子 dǎzhǒng liǎn chōng pàngzi ………………… 8

大操大办 dà cāo dà bàn ………… 8

大胖小子 dàpàngxiǎozi ………… 7

单恋 dānliàn …………………… 5

刀工 dāogōng …………………… 3

刁 diāo …………………………… 3

定位 dìngwèi …………………… 6

东跑西颠 dōng pǎo xī diān …… 7

兜 dōu …………………………… 8

逗 dòu …………………………… 1

端正 duānzhèng ………………… 5

多个朋友多条路 duō ge péngyou duō tiáo lù ……………………… 9

E

恶意 èyì ………………………… 2

而立之年 érlì zhī nián ………… 1

二手货 èrshǒuhuò ……………… 2

F

翻天覆地 fān tiān fù dì ………… 8

反响 fǎnxiǎng …………………… 10

防 fáng …………………………… 9

仿佛 fǎngfú ……………………… 1

幅度 fúdù ………………………… 4

福气 fúqi ………………………… 3

腹泻 fùxiè ……………………… 4

G

高才生 gāocáishēng …………… 10

高低 gāodī ……………………… 5

搞活动 gǎo huódòng …………… 2

疙瘩 gēda ……………………… 4

搁 gē ……………………………… 6

工作狂 gōngzuòkuáng ………… 7

攻读 gōngdú …………………… 10

沟通 gōutōng …………………… 9

够呛 gòuqiàng ………………… 5

骨碌碌 gūlūlū …………………… 1

孤僻 gūpì ………………………… 9

谷类 gǔlèi ……………………… 4

观察 guānchá …………………… 1

光滑 guānghuá ………………… 1

过渡 guòdù ……………………… 8

过家家 guòjiājia ………………… 5

H

行家 hángjia …………………… 2

毫无力气 háowú lìqi …………… 7

好歹 hǎodǎi ……………………… 6

好家伙 hǎojiāhuo ……………… 4

好奇 hàoqí ……………………… 2

红包 hóngbāo ………………… 8

哄 hǒng ………………………… 9

后事 hòushì …………………… 4

词汇索引

花销 huāxiāo	2
划算 huásuàn	3
化验 huàyàn	4
缓解 huǎnjiě	7
黄脸婆 huángliǎnpó	5
混 hùn	6
活跃 huóyuè	9
火 huǒ	8
货比三家 huò bǐ sān jiā	2

J

叽叽喳喳 jījizhāzhā	10
急诊 jízhěn	4
寂静 jìjìng	1
夹 jiā	3,4
家常 jiācháng	5
家常便饭 jiācháng biànfàn	3
嫁妆 jiàzhuang	2
兼职 jiān zhí	6
煎 jiān	4
捡了芝麻丢了西瓜 jiǎnle zhīma diūle xīgua	6
见外 jiànwài	3
饯行 jiànxíng	9
健谈 jiàntán	5
交易 jiāoyì	2
接风 jiēfēng	9
节奏 jiézòu	2
金饭碗 jīn fànwǎn	7
紧巴 jǐnba	8
紧俏 jǐnqiào	8

尽情 jìnqíng	7
尽义务 jìn yìwù	3
就 jiù	3
卷 juǎn	4

K

开眼界 kāi yǎnjiè	1
看重 kànzhòng	5
可想而知 kě xiǎng ér zhī	7
空落落 kōngluòlò	7
抠门儿 kōuménr	8
口味 kǒuwèi	2
垮 kuǎ	7
宽松 kuānsōng	8
困扰 kùnrǎo	9

L

垃圾食品 lājī shípǐn	3
劳逸结合 láo yì jiéhé	7
老掉牙 lǎodiàoyá	8
老皇历 lǎohuánglì	2
老年痴呆症 lǎonián chīdāizhèng	4
老土 lǎotǔ	2
乐和 lèhe	3
冷场 lěngchǎng	9
冷门 lěngmén	6
理性 lǐxìng	8
理直气壮 lǐ zhí qì zhuàng	4
理智 lǐzhì	5
立马 lìmǎ	8
例外 lìwài	1

脸皮薄 liǎnpí báo ········· 6
疗程 liáochéng ··········· 4
临近 línjìn ··············· 7
凌晨 língchén ············ 7
留 liú ··················· 1
笼 lóng ·················· 1
路盲 lùmáng ············· 1
轮 lún ··················· 3
萝卜白菜，各有所爱 luóbo báicài,
　　gè yǒu suǒ ài ········ 10
落下 luòxia ············· 9

M

麻木 mámù ··············· 7
忙碌 mánglù ············· 7
没心没肺 méi xīn méi fèi ··· 5
没准儿 méizhǔnr ········· 10
美食家 měishíjiā ········· 3
美味佳肴 měiwèi jiāyáo ···· 3
美滋滋 měizīzī ··········· 7
门槛 ménkǎn ············ 6
猛然 měngrán ··········· 7
面试 miànshì ············ 6
妙 miào ················· 3
名列前茅 míng liè qián máo ····· 10
磨蹭 móceng ············ 6
抹不开 mòbukāi ········· 6

N

闹着玩儿 nàozhewánr ····· 5
嫩 nèn ·················· 5

念叨 niàndao ············ 9

P

排斥 páichì ············· 9
牌子 páizi ·············· 10
泡 pào ·················· 1
泡影 pàoyǐng ············ 10
陪着笑脸 péizhe xiàoliǎn ··· 9
烹饪 pēngrèn ············ 3
捧 pěng ················· 1
碰壁 pèng bì ············ 6
碰钉子 pèng dīngzi ······ 6
披肩发 pījiānfà ·········· 1
拼搏 pīnbó ·············· 7
贫血 pínxuè ············· 4
平衡点 pínghéngdiǎn ···· 7
迫不及待 pò bù jí dài ···· 8
朴实 pǔshí ·············· 3

Q

七嘴八舌 qī zuǐ bā shé ···· 10
奇迹 qíjì ················ 4
气派 qìpai ·············· 8
千金 qiānjīn ············· 7
抢救 qiǎngjiù ············ 4
禽 qín ·················· 4
勤恳 qínkěn ············· 1
轻浮 qīngfú ············· 5
求职 qiú zhí ············· 6
圈子 quānzi ············· 9
缺乏 quēfá ·············· 6

R

嚷嚷 rāngrang ·············· 3
热心肠 rèxīncháng ·············· 9
人情消费 rénqíng xiāofèi ·············· 8
人缘儿 rényuánr ·············· 9
如愿以偿 rú yuàn yǐ cháng ·············· 1

S

三天两头 sān tiān liǎng tóu ·············· 6
三鲜 sānxiān ·············· 3
扫兴 sǎo xìng ·············· 9
嫂夫人 sǎofūrén ·············· 1
刹车 shā chē ·············· 7
擅长 shàncháng ·············· 3
伸懒腰 shēn lǎnyāo ·············· 1
身强力壮 shēn qiáng lì zhuàng ·············· 1
身体是革命的本钱 shēntǐ shì gémìng de běnqián ·············· 5
神志不清 shénzhì bù qīng ·············· 4
审美 shěnměi ·············· 3
升级 shēng jí ·············· 8
省得 shěngde ·············· 6
失聪 shīcōng ·············· 10
石沉大海 shí chén dà hǎi ·············· 6
时尚 shíshàng ·············· 2
实惠 shíhuì ·············· 3
实习 shíxí ·············· 1
食用油 shíyòngyóu ·············· 4
使劲 shǐ jìn ·············· 2
世故 shìgu ·············· 9
事迹 shìjì ·············· 10

试探 shìtàn ·············· 1
受访者 shòufǎngzhě ·············· 9
疏远 shūyuǎn ·············· 9
舒畅 shūchàng ·············· 8
水土不服 shuǐtǔ bù fú ·············· 4
睡眠 shuìmián ·············· 7
死心 sǐ xīn ·············· 5
松口 sōng kǒu ·············· 8
搜索 sōusuǒ ·············· 2
随之 suízhī ·············· 8
索性 suǒxìng ·············· 6

T

踏实 tāshi ·············· 5
踏 tà ·············· 6
摊儿 tānr ·············· 2
烫发 tàng fà ·············· 1
逃学 táo xué ·············· 4
套餐 tàocān ·············· 3
体贴 tǐtiē ·············· 5
体验 tǐyàn ·············· 3
甜蜜 tiánmì ·············· 5
舔 tiǎn ·············· 1
挑三拣四 tiāo sān jiǎn sì ·············· 5
挑挑拣拣 tiāotiāojiǎnjiǎn ·············· 2
调皮 tiáopí ·············· 1
调味品 tiáowèipǐn ·············· 3
调整 tiáozhěng ·············· 7
挑头儿 tiǎo tóur ·············· 9
跳槽 tiào cáo ·············· 6
铁哥们儿 tiěgēmenr ·············· 10

挺 tǐng	2	心痒 xīnyǎng	2
透支 tòu zhī	8	兴冲冲 xìngchōngchōng	8
退休综合症 tuìxiū zōnghézhèng	7	形影不离 xíng yǐng bù lí	1
拖 tuō	4	袖子 xiùzi	4
唾沫 tuòmo	4	许愿 xǔ yuàn	10
		寻找 xúnzhǎo	2

W

万人迷 wànrénmí	10
网络 wǎngluò	2
忘到脑后 wàngdào nǎohòu	7
危害 wēihài	7
威信 wēixìn	9
微量元素 wēiliàng yuánsù	4
维持 wéichí	4
胃口 wèikǒu	3
温饱 wēnbǎo	8
稳固 wěngù	7
卧床 wò chuáng	4
无奈 wúnài	7

Y

压根儿 yàgēnr	10
亚健康 yàjiànkāng	4
言归正传 yán guī zhèng zhuàn	9
眼光 yǎnguāng	5
厌烦 yànfán	1
咽 yàn	2
吆喝 yāohe	6
腋下 yèxià	4
一个劲儿 yígejìnr	2
一晃 yìhuǎng	7
一技之长 yí jì zhī cháng	10
一窝蜂 yìwōfēng	10
遗嘱 yízhǔ	4
意中人 yìzhōngrén	5
隐约 yǐnyuē	2
营养不良 yíngyǎng bùliáng	4
影碟 yǐngdié	2
硬着头皮 yìngzhe tóupí	9
应酬 yìngchou	3
用心良苦 yòngxīn liángkǔ	3
优势 yōushì	6
由着性子 yóuzhe xìngzi	9
油水 yóushui	3

X

下工夫 xià gōngfu	10
掀 xiān	4
嫌 xián	6
馅儿 xiànr	2
相夫教子 xiàng fū jiào zǐ	7
向往 xiàngwǎng	1
像样 xiàngyàng	8
小康 xiǎokāng	8
小心翼翼 xiǎoxīn yìyì	9
心思 xīnsi	8

有备无患 yǒu bèi wú huàn	6		症状 zhèngzhuàng	4
有色眼镜 yǒusè yǎnjìng	5		指望 zhǐwàng	6
有言在先 yǒu yán zài xiān	3		众所周知 zhòng suǒ zhōu zhī	2
余地 yúdì	2		周游 zhōuyóu	10
郁闷 yùmèn	9		竹竿儿 zhúgānr	7
圆梦 yuán mèng	10		主考官 zhǔkǎoguān	6
月光族 yuèguāngzú	8		注册 zhùcè	2
			转念一想 zhuǎn niàn yì xiǎng	1
Z			撰稿人 zhuàngǎorén	7
			状况 zhuàngkuàng	4
咂嘴 zā zuǐ	3		咨询 zīxún	8
杂音 záyīn	4		资产 zīchǎn	6
遭到 zāodào	2		龇 zī	1
站不住脚 zhànbuzhùjiǎo	10		自主 zìzhǔ	6
障碍 zhàng'ài	9		走后门 zǒu hòumén	9
着迷 zháomí	10		作风 zuòfēng	5
诊断 zhěnduàn	4		做东 zuòdōng	3
整个儿 zhěnggèr	8			